不遺憾大人學 修訂版

衝動三十、世故四十、淡定五十,趁年輕時身體力行,
面對錯誤及時止損,始終掌控人生的主導權

謝蘭舟,馬銀春 著

30歲｜打好基礎累積經驗,把握生命每一個機緣
40歲｜轉換思維平衡心智,事業和家庭兩者兼顧
50歲｜放下過去擁抱現在,健康幸福是最終目標

從三十歲的起跑線出發,在現實的鍛鍊中學會權衡與選擇
蛻變成真正的「大人」,活出從容且不留遺憾的人生

目 錄

前言

上篇：三十而立，敢想敢做無所不能

> 第一章　二十出頭心中有數，三十之後穩步前行 ⋯⋯⋯⋯ 008
> 第二章　勇於思考、果敢行動，實現人生飛躍 ⋯⋯⋯⋯⋯ 033
> 第三章　勇於探索，外面的世界等你發現 ⋯⋯⋯⋯⋯⋯⋯ 050
> 第四章　三十而立，事業高於一切 ⋯⋯⋯⋯⋯⋯⋯⋯⋯⋯ 059
> 第五章　三十歲前專業致勝，三十歲後人脈致富 ⋯⋯⋯⋯ 075
> 第六章　做好健康計畫，拒絕以健康換取金錢 ⋯⋯⋯⋯⋯ 084

中篇：四十不惑，迎接人生巔峰

> 第七章　四十歲，迷茫與疲憊的分水嶺 ⋯⋯⋯⋯⋯⋯⋯⋯ 110
> 第八章　跨入四十，再創高峰 ⋯⋯⋯⋯⋯⋯⋯⋯⋯⋯⋯⋯ 119
> 第九章　成功是持續堅持，名望是逐漸累積 ⋯⋯⋯⋯⋯⋯ 127
> 第十章　調整心態，堅信自己 ⋯⋯⋯⋯⋯⋯⋯⋯⋯⋯⋯⋯ 149
> 第十一章　家庭與事業之間的不斷平衡 ⋯⋯⋯⋯⋯⋯⋯⋯ 164
> 第十二章　好女人成就成功男人，優質男人帶來幸福女人 ⋯ 172
> 第十三章　四十歲，健康成為人生的重要課題 ⋯⋯⋯⋯⋯ 190

下篇：五十不懼，開啟人生新篇章

第十四章　五十歲，人生的轉折關鍵點 ………………… 212

第十五章　活在當下，不為過去悔恨 …………………… 222

第十六章　幸福勝於成功 ………………………………… 230

第十七章　健康為王：健康是快樂的源泉 ……………… 245

前言

　　一名年輕人離開故鄉，開始了自己人生的旅途。他動身的第一站，是去拜訪本族的族長，請求指點。

　　老族長正在練字，聽說本族有位後輩要踏上人生征途，就寫了三個字：「不要怕！」然後他抬起頭，望著年輕人說：「孩子，人生的祕訣只有六個字，我今天先告訴你三個，供你半生受用。」

　　十年後，這個年輕人已建立起了一個超級商業王國，取得了巨大的成就。但成功總是伴隨著磨難和傷感。他回到家鄉，又去拜訪那位族長。等到了族長家裡，他才知道老人家幾年前已經去世了。這時，家人取出一個密封的信封對他說：「這是族長生前留給你的，他說有一天你會再來。」年輕人拆開信封，發現裡面赫然又是三個大字：「不要悔！」

　　一般說來，人生的前三十年，是一個人完成對社會初步認識和對自己人生設計的重要階段；後三十年則是對社會深刻認識及對人生目標予以實施的過程。漫漫人生路，二十歲時略顯稚嫩，但不乏熱情和雄心；三十歲時充滿欲望，但清楚自己肩負的責任；四十歲變得沉穩成熟，更懂得生活的真諦；五十歲是人生的轉捩點，走向另一個階段。

　　如果說二十幾歲時還充滿懸念，那麼三十多歲則是答疑解惑的過程，也是最需要拿出魄力的時候。三十歲，成為一道人生考驗題，做完這道題目，你的天真在這裡結束，成熟從這裡開始；四十歲，成為人生中的一桿秤，秤出之前打拚時汗水的重量，秤桿豎起來成為家人的「中間支柱」，為愛的人建造一座遮風擋雨的房；五十歲，天命已定，如果你依舊渾渾噩噩過日子，那麼你幾近要受窮一輩子。

前言

　　二十歲，一切皆有可能，二十幾歲，可以決定人的一生；三十歲，青澀與成熟的分水嶺，三十而立，讓你的人生飛躍；四十歲，疲憊與迷惘的交叉點，四十不惑，你仍有機會創造輝煌；五十歲，人生收穫的季節，五十知天命，揭開人生的新篇章。

　　本書針對三十歲、四十歲、五十歲這三個人生中特殊又重要的階段，闡述了我們應該怎樣書寫無悔無憾人生的要義，給讀者啟示，幫助人們在面對人生困惑和重大選擇時保持清醒的頭腦，用大智慧和好心態迎接人生的各種挑戰，從而讓自己的生活越來越好。

　　人生的每個階段都免不了焦慮、恐慌與無奈，但人世間沒有任何事情能奈何得了智者。當智慧伴隨著豁然開朗的心情自然而然產生時，你便可以幫別人答疑解惑。在人生的打拚階段勇敢一點，在人生收穫的階段才能無怨無悔。三十歲的時候多打拚一些，四十歲的時候才不會後悔，五十歲的時候才沒有遺憾。

　　人生不能重來，但是可以選擇。早規劃，早行動，早幸福！

　　讓我們為無怨無悔無憾的精采人生喝采！

上篇：
三十而立，敢想敢做無所不能

上篇：三十而立，敢想敢做無所不能

第一章
二十出頭心中有數，三十之後穩步前行

　　二十幾歲，最大的特點是多變；二十幾歲，都有一個年輕時的夢想；二十幾歲，在關鍵時刻，往往能決定自己的一生。二十幾歲心裡有數，才能在三十以後腳下有路；二十幾歲主宰自己，才能在三十以後主宰人生；二十幾歲盡心盡力，三十以後才能省心省力；二十幾歲成功選擇，三十以後選擇成功。為了三十歲時事業成功，四十歲時登上巔峰，那麼從二十幾歲就要開始做一個「勇往直前」、「經歷數次失敗而百折不撓的人」。

第一章　二十出頭心中有數，三十之後穩步前行

1. 人生是一張白紙，需要設計

當我們看到了人生道路旁邊的壯麗畫面時，我們不免會被周圍的風景所陶醉。如果一個人對這些美景擁有強烈渴望卻暫時無法得到時，他就有了夢想。一個人有了夢想，就有了明確的奮鬥目標和方向，希望自己能盡快夢想成真。為了把夢想變成現實，他必然會圍繞夢想制定計畫並付諸行動。

有這樣一個故事：

一位電臺主持人在自己的職業生涯中遭遇了 18 次辭退，她的主持風格曾被人貶得一文不值。最早的時候，她想到美國大陸無線電臺工作，但是電臺負責人認為她是一個女性，不能吸引聽眾，因此拒絕了她。她來到了波多黎各，希望自己有個好運氣，但是她不懂西班牙語。為了熟練語言，她花了三年的時間。在波多黎各的日子裡，她最重要的一次採訪，只是一家通信社委託她到多明尼加共和國去採訪暴亂，連差旅費也是自己出的。在之後的幾年裡，她不停地工作，不停地被人辭退，有些電臺甚至指責她根本不懂什麼叫主持。

1981 年，她來到了紐約一家電臺，但是很快被告知，她跟不上這個時代，為此她失業了一年多。有一次，她向一位國家廣播公司的職員推銷她的談話性節目企劃，得到了對方的首肯，但是那個人後來離開了廣播公司。她只好再向另外一位職員推銷她的企劃，但這位職員對此不感興趣。她又找到第三位職員，此人雖然同意了，但卻不同意做談話性節目，而是讓她弄一個政治主題節目。儘管她對政治一竅不通，但是為了這份工作，她開始「惡補」政治知識。1982 年夏天，她主持的以政治為內容的節目開播了，她憑著嫻熟的主持技巧和平易近人的風格，幾乎在一夜之間成名，她的節目成為全美最受歡迎的政治節目。

她就是莎莉‧拉斐爾，曾經兩度獲全美主持人大獎，每天有 800 萬

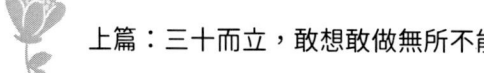
上篇：三十而立，敢想敢做無所不能

名觀眾收看她主持的節目。在美國的傳媒界，她就是一座金礦，無論到哪家電視臺、電臺都會為其帶來巨額的收益。莎莉·拉斐爾說：「在那段時間裡，平均每1～5年，我就被人辭退1次，有些時候，我認為我這輩子完了。但我相信，上帝只掌握了我的一半，我越努力，我手中掌握的這一半就越大，我相信終會有一天，我會贏了上帝。」

莎莉·拉斐爾用自己的實際行動向我們證明，「野心」就是她的「能源」，是每天推動她不斷向前的力量。沒有人生來就是成功的，也沒有人生來就是輝煌的，只有將成功和輝煌作為目標，好好設計自己的人生，我們才能真正成功。

【成熟大人有話說】

人生就像一張白紙，你為自己設計的夢想越美麗，你為之奮鬥的人生畫面就越精采。只有心中有夢想，你才會為夢想而奮鬥。

2. 為人生做一份十年規劃

每一個國家或企業都有發展規劃，比如：國家或企業常常要制定「年度計畫」、「十年規劃」等不同階段的工作目標。同樣，一個人的成長也需要有自己的人生規劃。對於一個人來說，不斷制定、調整有利於個人發展的人生規劃十分必要。因為你不去規劃人生，反過來就要被人生規劃。等到客觀規律來規劃你的時候，往往會違背你的初衷，使你難以接受現實。

一個人一生的黃金時間大致可以看成三十年，也就是說，可以制定六個五年計畫。

第一章　二十出頭心中有數，三十之後穩步前行

　　第一個五年計畫，一般要解決定位問題。你到底是什麼樣的性格？有什麼特長？你想成為什麼樣的人？哪個行業適合你？你應該在什麼位置上發展？這個階段主要是走向社會，透過實踐活動認識自己和社會，盡快地為自己一個準確合理的定位時期。

　　第二個五年計畫，要在行業中站住腳，獲得一個初始位置，解決基本的生活問題，有一個安穩的心態，累積各種資源，包括知識、技能、經驗和人脈關係等。

　　第三個五年計畫，要成為公司的核心管理者、行業的專家，獲得較高的地位，有一定實力，可以豐富很多資源。並且賺到第一桶金，房子、車子問題應該全部解決，有成功人士的感覺，並獲得社會認可。

　　到了四十歲，進入第四個五年計畫。這時候，要上的臺階是從小康到富裕，必須進入社會的菁英階層，在公司中要進入決策層，在行業中要有影響力，此時正是縱橫馳騁、呼風喚雨之時。

　　第五個五年計畫中，發展與守成並重，因人而異，有些人高歌猛進，有些人求穩持重。這個階段基本是把持大政方針，放手讓年輕人打拚。

　　五十而知天命。此時是第六個五年計畫到來之際，一般說來，個人的創造力和精力都在走下坡路，以現代社會的節奏，多半到了退位讓賢的時候。當然，也有老當益壯之士不在此列。

　　實際上，出色的人、企業、組織，不僅有自己一週、一個月、一年、五年等中短期計畫，還有十年、十五年等長期計畫和目標。所以經理人經常會問自己：「我希望公司十年之後是什麼樣？」然後根據自己設定的這個十年計畫來付出自己的努力。其實，人人都應該計畫十年後的事情。如果你希望十年之後變成一幅美好光景，現在就應該變成什麼

011

 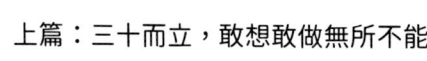

樣。沒有目標的人會變成另一個人,也就無法不斷成長。旅行之前要確立自己的目的地。人生,也應該具有明確的目標。

曾經有一位年輕人(我們暫且稱他為F先生)由於職業問題去找拿破崙‧希爾。F先生聰明大方,未婚,大學畢業已有四年。

經過必要的了解之後,拿破崙‧希爾問他:「你來找我幫你換工作,你喜歡哪種工作呢?」

「希爾先生,」F先生說,「這就是我找你的目的,我真的不知道想要做什麼。」

拿破崙‧希爾知道,替他聯絡幾個老闆面談,對他沒什麼幫助,因為盲目地求職這個方法並不聰明。他至少有幾十種工作可以選擇,但選出自己適合的工作的機會並不大。拿破崙‧希爾希望他明白,在找工作之前,一定先要深入了解這一行才行。

因此,拿破崙‧希爾說:「讓我們從這個角度看看你的計畫,你希望十年之後自己怎樣?」

F先生思索了一下,說:「好吧,我希望我的工作和別人一樣,待遇優厚,並且可以買一棟好房子。當然,我還沒有深入思考過這個問題。」

拿破崙‧希爾對他說這是很自然的事,並且解釋道:「你現在的情形如同你跑到航空公司說『給我一張機票』一樣。如果你不說出自己的目的地,人家不會賣給你。因此,除非你知道你的目標,否則我無法幫你找到工作。只有你才清楚自己的目的地。」這使F先生不得不認真思索。接著,他們又討論了各種職業目標。當F先生起身告辭時,拿破崙‧希爾相信他已學到了最重要的一課:出發之前,要有自己的目標。

第一章　二十出頭心中有數，三十之後穩步前行

和 F 先生一樣，你的人生也要有個計畫。你要盡量發揮自己的才幹，以取得最高的價值。下面是兩個很有效的步驟，可以幫助你做到這一點：

一、把你的理想分為工作、家庭、社交三方面。這樣可以幫你正視未來的全貌。

二、回答下列問題：我想完成哪些事情？我想成為什麼樣的人？哪些東西能使我得到滿足？

下面的十年長期計畫可以幫助你回答上述問題。

第一，十年後的工作。

- 我希望達到哪種收入水準？
- 我希望擁有多大權力？
- 我希望尋求何種程度的責任？
- 我希望從工作中獲得多大威望？

第二，十年後的家庭。

- 我希望達到何種生活水準？
- 我希望住進何種房子？
- 我希望如何撫養孩子？
- 我希望哪種旅遊方式？

第三，十年後的社交。

- 我希望擁有哪些朋友？
- 我希望參加哪些社團？
- 我希望參加哪些社會活動？

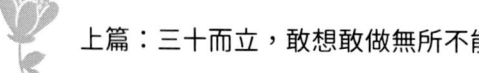
上篇：三十而立，敢想敢做無所不能

回答了以上的問題，相信你的未來十年就會過得很充實。當然，工作、家庭、社交三方面是緊密相關的，但對你影響最大的還是你的工作。因為你的家庭生活水準等狀況，你在社交中的聲望，大部分是以你的工作表現為衡量標準。

【成熟大人有話說】

十年說長不長，一眨眼就過去了；說短不短，人生能有幾個十年！你不僅要清楚自己過去、現在的情況，更要明確自己將來要做的事情。

3. 明確自己的發展方向

如果一個人竭盡全力去做一件事而沒有成功，並不意味著他做任何事情都無法成功。因為他可能選擇了不適合自己天性的職業，這就注定難以成功。莫里哀和伏爾泰都是失敗的律師，但前者成了傑出的文學家，而後者成了偉大的啟蒙思想家。

如何根據自己的條件和素養確定自己將來的發展方向是非常重要的。世界上有半數的人從事著與自己的天性格格不入的職業，而做自己的天賦所不擅長的事情往往會徒勞無益，因此失敗的例子數不勝數。在職業生涯的選擇方面，要揚長避短。你的天賦所在就是你擅長的職業。西德尼・史密斯說：「不管你天性擅長什麼，都要順其自然，永遠不要丟掉自己天賦的優勢和才能。」

當每一個人都選擇了適合他的工作時，這就代表著人類文明已經發展到了至高境界。只有找到了適合自己的位置時，人們才有可能獲得理

第一章　二十出頭心中有數，三十之後穩步前行

想的成功。就像一個火車頭一樣，它只有在鐵軌上才是強大的，一旦脫離軌道，它就寸步難行。

威靈頓公爵曾經被他的母親認為是一個笨孩子：在伊頓公學時，他被稱為笨蛋、白痴、弱智，他在那裡被列入最差勁的學生行列，因為他什麼都不懂，所以人們認為他什麼都得從頭學。他沒有表現出任何天賦，也沒有表現出任何要參軍的意願。在他的父母和老師的眼裡，他那勤奮和堅毅的性格特徵是對他缺陷的唯一補償。但是，在四十六歲那年，他戰勝了「戰無不勝」的拿破崙。

只有極少數人在沒有經歷挫折和痛苦的情況下，就表現出在任何工作或任何研究領域偉大的天賦與非凡的才能。而絕大多數人，即使按照他們內心的期望給予他們相應的職位，他們也很難在十五歲甚至二十歲之前確定他們一生的職業。每一個人都在自己思維的入口處徘徊不已，要求擁有奇蹟般的天才來明確知曉自己適合哪種具體的工作，但是，這種天才其實是不存在。沒有任何理由讓你手頭的責任無端地消失，也沒有任何理由讓那些很自然地落在某個人肩上的工作不被很好地完成。

英國作家薩繆爾‧史密斯（Samuel Smiles）被訓練著去從事一種完全不適合他的天性的職業，然而，他非常虔誠地去從事這一工作，而這些經歷對他日後的作家生涯起了很大的作用，而作家正是最適合他的職業。

很多人在問：什麼是一生的職業？我一生所要從事的職業應該是什麼呢？如果你的天賦和內心要求你從事木工工作，那麼你就做一個木匠；如果你的天賦和內心要求你從事醫學工作，那麼你就做一個醫生。堅信自己的選擇並進行不懈的努力，你就一定能夠成功。但是，如果你沒有任何內在的天賦，或者內在的呼聲很微弱，那麼，你就應該在你最具適

015

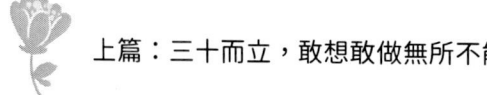
上篇：三十而立，敢想敢做無所不能

應性的方面和最好的機會上慎重地做出選擇。不必懷疑這個世界是任由你去創造的，真正的成功是在於出色地履行自己的職責、扮演好自己的角色，這一點是每一個人都能夠做到的。做一個一流的搬運工也要比做一個二流的其他角色強。

有這樣一句話曾經廣泛流傳：沒有哪一個認識到自己天賦的人會成為無用之輩，也沒有哪一個出色的人在錯誤地判斷自己天賦時能夠逃脫平庸的命運。

富蘭克林說，有事可做的人就有了自己的產業，而只有從事天性擅長的職業，才會給他帶來利益和榮譽，站著的農夫要比跪著的貴族高大得多。

如果我們遵從馬修‧阿諾德的說法，那麼，寧可做鞋匠中的拿破崙，寧可做清潔工中的亞歷山大，也不要做根本不懂法律的平庸律師。

150磅的肌肉和骨骼不足以構成真正的人，一個大腦袋也不足以成為真正的人，骨骼、肌肉和大腦必須組合起來，知道怎樣完成適合自己的工作，進行健全完整的思考，開創一條與眾不同的道路，勇敢地承受巨大的壓力和職責，只有這樣，才能真正造就自己，使自己成為「大寫」的人。

【成熟大人有話說】

方向，是成功的門票。找對了自己的發展方向，就能很快地脫穎而出。南轅北轍，縱使學富五車、才高八斗，注定與成功無緣。

4. 制定一份確實可行的計畫

我們制定計畫的目的就是盡一切能力實現自己的理想，不要走到我們不想去的地方。計畫能夠使我們有明確的前進方向，把我們有限的精力用在與我們人生密切相關的事情上，而不是盲目地浪費掉。如果你想成功，今天就開始制定目標，規劃未來的航向。

怎樣制定一份切實可行的計畫？

第一，把你確定自己人生理想時寫下的東西重讀一遍。

以這個理想為基礎，寫出一份陳述。要寫得簡單，但要包括你想做的一切。這是你需記住的，寫的時候一定要包括以下幾點：

- 你人生活動的重點是什麼；
- 你為什麼想做這些事情；
- 你打算怎樣做到這些事情。

例如：

「我打算以行醫來服務大眾，目的是盡量多幫助一些不幸的人改善他們的人生。我希望透過愛護、教導和培養別人來幫助人們找到他們自己的人生目的，作出自己的貢獻。」

「我希望向顧客提供最好的產品和服務，生意成功，收入可觀。這樣，我可以用賺得的錢來照顧家人及其他人。」

每個人都會有不同的理想，也就會確立不同的目標，這些只能根據個人的實際情況來決定，不可強求一致。

寫好了目的陳述之後，在最初幾周每天看一次，看看這份陳述是否準確代表了你的人生理想。

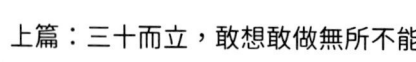

第二，花幾個鐘頭的時間定出你的目標。

從人生的總體理想開始，找到實現人生理想所必須達到的主要目標，你大概會想出二至十個目標。同樣要花點時間從頭看幾遍這些人生目標，看看你是否真的覺得它們很重要。理想是抽象的，目標就比較具體了。它針對性較強，與你的人生實踐情況緊密結合。比如：前面一個人的理想是行醫，那麼，現在要確立的目標就應該是讀醫學大學，取得醫師文憑，這樣才有可能實現自己的理想。

第三，花一個鐘頭的時間閱讀一遍每個人生目標。

把人生目標拆解成幾個必須達到的中長期目標，再把每週、每月可以執行的任務具體化為一些活動。這些活動將為你描繪成功的藍圖。例如：讀醫學大學這個目標可以劃分為幾個階段的任務，複習準備，報名考試，入學準備等等，上學以後每個學期的學習任務，具體活動等等都要進行安排。

第四，這樣處理過每個人生目標之後，你就會懂得要成功就必須做什麼，把每天、每週、每月的活動檢視一下。

第五，評估你的目標。

確定你的目標是否現實，弄清哪幾個目標是需要與別人合作才能達到的，記下需要別人幫助的目標，以及可能提供幫助給你的人（記住要挑選有類似目標及理想的人）。

第六，使自己的想法清晰化。

制定實現目標的計畫，並定出最後期限，細心規劃各時期的進度。每小時的，每日的，每月的有系統的工作及持續的熱情是力量的泉源。

這樣做的目的，就是把自己的計畫逐步具體化，只有具體的計畫，

第一章　二十出頭心中有數，三十之後穩步前行

目標才具有可行性。

例如：同樣是做房地產生意，湯姆計畫向銀行貸款 120 萬美元，而約翰則向銀行貸款 119.99 萬美元。最後銀行貸款給約翰，拒絕了湯姆的貸款請求。因為銀行主任認為約翰的預算具體化且考慮很周到，說明約翰辦事仔細認真，成功的希望較大。120 萬美元的計畫是個大概的估算，而 119.99 萬美元確實是詳細計算出來的，是可以具體落實到位的。由此可見，要設定一個具體的可行的目標，才能產生具體可行的計畫。

擬定一個實現目標的可行計畫，馬上行動──你要習慣行動，不能夠再限於空想。每天兩次，大聲朗誦你寫下的那個計畫的內容，一次在晚上就寢之前，另一次在早上起床之後。當你朗誦時，你必須看到、感覺到和深信你已經擁有了成功。

1908 年，年輕的希爾在一家雜誌社工作，當時他還在上大學。由於他在工作上的傑出表現，他被雜誌社派去訪問偉大的鋼鐵企業家安德魯‧卡內基，卡內基十分欣賞這位積極向上、精力充沛、有衝勁、有毅力、理智與感情又平衡的年輕人。他對希爾說：「我向你挑戰，我要你用二十年的時間，專門用在研究美國人的成功哲學上，然後提出一個答案。但除了寫介紹信為你引薦這些人，我不會對你作出任何經濟支持，你肯接受嗎？」年輕的希爾憑著自己的直覺，勇敢地承諾「接受」。數年後，希爾博士在他的一次演講中說：「試想一下，全國最富有些人要我為他工作二十年而不給我一丁點薪酬，如果是你，你會對這建議說 YES 或 NO？如果識時務者面對這樣一個荒謬的建議，肯定會推辭的，可是我沒有這樣做。」

在卡內基對希爾的挑戰中，包括了明確的目的──研究美國人的成功哲學，以及達到目的的時限──二十年。長談之後，在卡內基的引薦下，希爾遍訪了當時美國最富有的 50 多位傑出人物，對他們的成功之道

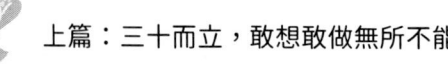 上篇：三十而立，敢想敢做無所不能

進行了長期研究，終於在 1928 年，他完成並出版了專著《成功定律》一書。後來，他又開始撰寫《思考致富》。這本書於 1937 年出版。隨後，他又將這兩本書加以總結，得出了著名的十七個成功定律。明確的目標正是十七個成功定律之一。

立刻行動吧！制定目標、把目標具體化，具體成你每天要做到的一些任務，而且這些任務是可以完成的，根據客觀條件和主觀努力你是能夠實現的，這樣你的計畫就能夠幫助你實現自己的目標。只要你按照計畫實行，你會發現你離成功已越來越近。

【成熟大人有話說】

要想改變自己，就必須制定一份切實可行的計畫。如果你沒有明確的目的地，你很可能走到不想去的地方去。

5. 你可以一無所有，但不能沒有理想

要成大事卻沒有雄心和欲望，只能是小孩子扮家家酒，圖一時的享受和歡娛，都是沒出路的。人的思考是源於某種心理力量的支持。一個連內心都懶洋洋的人，即使他有什麼理想，這些理想對他來說也永遠只能是漂浮的肥皂泡，甚至連肥皂泡都不算，因為理想對他並沒有什麼美好的誘惑力，他也就絲毫沒有力量去思考實現理想的詳細步驟。

當人有了某種理想後，就要去渴望達到或追求實現這些理想，而不要總是找理由來打擊自己的雄心。但有一點是必要的，這種願望在你的心中必須是意識所能接納的，是美好的。

很多人離鄉背井打拚了多年，或者在學校裡鬱悶了多年，發現自己

第一章　二十出頭心中有數，三十之後穩步前行

沒有了熱情和目標，生活中除了無聊和鬱悶，似乎沒有別的色彩了。看著別人的成功，也覺得無所謂了，麻木了。雖然幾年前還是那麼的豔羨，似乎還有個崇拜的偶像，還有自己的理想和抱負，但現在什麼感覺都沒有了。每天的生活就是麻木地工作、閒聊、發呆、看無聊的電視或沉迷於網路，對自己不懂的東西已經沒有任何好奇心了，甚至連十分鐘都靜不下心來讀一本書，整個人已經麻木了，心靈已荒如沼澤，人已形容枯槁。如果這個人就是你，那你該醒醒了，該找回自己的雄心了！

每個人都希望自己是個成功者。沒有人喜歡終日唯唯諾諾，看別人臉色行事；沒有人喜歡成為一個可有可無的二流角色，受人擺布，平庸地度過一生。可以說，每個人來到世上就是為了成功，就是為了不斷成長，不斷向高處前進。

然而事實上，成功者只是少數，更多的人似乎沒有成功，終其一生都過著普通人的生活，早早地就喪失了成大事的雄心，永遠也沒有找到通往成功的路，有的只是哀嘆，痛苦，彷徨……

人們費盡心機，到處尋求財富，卻對自身的寶藏茫然無知。其實，每個人都有成功的能力與天賦，關鍵就看你是善於運用還是束之高閣。信念、自尊、勇氣、堅韌、樂觀、希望……就像一粒粒金色的種子，將這些種子植於心中，生活將隨之萌芽發展；每天耕耘這方心田，幸福、美滿、富足與成功就會充滿你的人生。

一位二十四歲的年輕人充滿自信地走進美國通用汽車公司，應徵做會計工作。他來應聘的原因只是因為他的父親曾經說過「通用汽車公司是一家經營良好的公司」，並建議他去看一看。

在面試的時候，他的自信給別人的印象十分深刻。當時只有一個空缺，而面試的人告訴他那個職位十分艱苦難做，一個新手可能很難應付

021

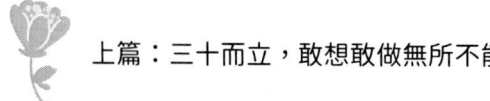

得來。但他當時只有一個念頭,就是進入通用汽車公司,展現他足以勝任的能力與超人的規劃能力。

當面試官僱傭了這位年輕人之後,他對祕書說:「我剛剛僱用了一個想當通用汽車董事長的人。」

這位年輕人就是通用汽車前董事長羅傑‧史密斯。羅傑進入公司後的第一位朋友韋斯特回憶說:「合作的第一個月中,羅傑正經地告訴我,他將來要成為通用汽車的總裁。」正如羅傑所願,三十二年之後,他成了通用公司的董事長。

擁有一顆奔騰的雄心,就有一份高度的自我激勵,是指導有志之士永遠朝成功邁進的重要保障。一位智者說:生,非我所求;死,非我所願;但生死之間的歲月,卻為我所用。所以當我們仰首感嘆如煙往事時,不如低頭審視一下自己的內心,雄心的爐火是否還在燃燒,是否還在為你帶來光和熱。當我們臥躺枕邊,想重拾昨夜的舊夢時,是否該為你的雄心做些什麼了?成功的法則有成千上萬,但最重要的一點是:堅信自己會成功,讓自己有顆奔騰不息的雄心。

人類所具有的種種力量中,最神奇的莫過於有夢想。如果我們相信明天更美好,就不必計較今天所受的痛苦。有雄心的人,即使阻力似銅牆鐵壁,也不能擋住他前進的腳步。

【成熟大人有話說】

沒有理想,就沒有堅定的方向;沒有方向,就沒有生活。樹的方向,由風決定;人的方向,由自己決定。

6. 會說話，闖天下

　　好口才已經成為生存的必要條件之一，口才的好壞直接影響著人的一生。也許你曾聽說過這樣一句話：「未來的世界，是會說話的人的天地，讓不會說的人走開！」

　　美國人早在 1940 年代就把「口才、金錢、原子彈」看成人在世界上生存和發展的三大法寶。1960 年代，他們又把「口才、金錢、電腦」看成是最有力量的三大法寶，「口才」一直雄踞三大法寶之首，足見其作用和價值的重大。

　　能言善辯的人，往往令人尊敬，受人愛戴，得人擁護。它使一個人的才學充分拓展，熠熠生輝，事半功倍，業績卓著。可以說，發生在成功人物身上的奇蹟，至少有一半是由口才創造的。

　　口才好，可以充分地展示自己，可以提高自我的生存發展能力，可以更好地實現自我價值，可以更有效地影響別人，可以化解人生危機，可以讓你少走彎路，讓你的成功零障礙。所以說，成大事者一定要有好口才。好口才助人成功，好口才成就人生。

　　好口才是現代人必備的素養，是事業成功的必要條件。社會的各行各業，日常生活的方方面面，都不可避免地要用到口才。要想在生活中處理好人際關係，想把事情辦好。就要有一副好口才，好口才是成大事者必備的特質。

　　每個人都會說話，但是如何把話說得恰到好處，說得圓滿，說到對方的心坎上，並不是每個人都能做到的。這裡的關鍵在於說話者在說話的時候，不要把功夫都浪費在一些無關緊要的枝節上。

　　社會是一本難懂的大書，一個人要想融入社會、順應社會，良好的

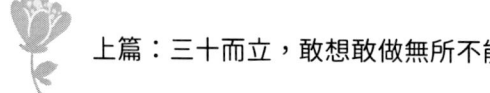
上篇：三十而立，敢想敢做無所不能

口才起著舉足輕重的作用。吹牛拍馬、誇誇其談、嘩眾取寵固然不可取，但巧舌如簧、舌尖生花卻不可缺少，總之要在「巧」字上下功夫，這樣，你的事業才能如魚得水，人際關係才能左右逢源。舌頭是圓的，舌頭也是軟的，又軟又圓的舌頭能把醜話說成好話，也能把好話說成醜話。

都說人類是萬物之靈，究其原因，大概就是因為人類語言器官特別發達，諸事都能用語言交流，比如演講、彙報、表功、彈劾、讒言、誹謗等。因此，作為人類的一分子，你如果沒有能說會道、巧舌如簧的功夫，那後果也就可想而知了。

有時，在某些特殊的場合，必須立即回答一些難以回答的或是具有挑釁性的問題，智慧的人常以巧妙的、非邏輯的方式「妙語連珠」、「語妙天下」、「妙趣橫生」、「妙語巧辯」……從而擺脫困境。這其中的「妙」來自於聯想，來自於突破思維的局限，但這種「聯想」和「突破」也必須注意「合理」，更要「合適」。

如果說世界是個變化著的萬花筒，反應客觀世界，表達和交流思想的語言也是個變化的萬花筒，那麼，如何運用各種語言就更是一個變化的萬花筒。

一家旅館老闆問前來應徵的三名男性求職者：「假如你無意間推開房門，看見女房客正在淋浴，而她也看見你了，這時你該怎麼辦？」

甲答：「說聲『對不起』，然後關門退出。」這個對答無稱呼，雖簡潔，但不符合侍者的職業要求，而且也沒使雙方擺脫窘境。

乙答：「說聲『對不起，小姐』，然後關門退出。」這個稱呼雖然準確，但不合適，反而加深了旅客的窘迫感。

丙答：「說聲『對不起，先生』，然後關門退出。」結果，丙被錄取

第一章　二十出頭心中有數，三十之後穩步前行

了。為什麼呢？因為他這種故意誤會的說法，維護了旅客的體面，非常得體、機智，表現出了一個侍者應該具有的職業素養和應變能力。

說話能力是一個人必備的素養之一。好口才會給你帶來好運氣，擁有好口才就等於擁有了輝煌的前程。人人各有立場，如果都衝動地、直截了當地闡明自己的立場，恐怕世界紛爭不斷。所以既要維持表面的和諧關係，在捍衛自己的理念上又不能有絲毫讓步時，機智就是最好的方法，它能使你另闢蹊徑、沉著應變，展現你博學多才的風采。

【成熟大人有話說】

人才未必有口才，而有口才者肯定是人才！成大事一定要有好口才。好口才是事業成功的階梯，好口才是一種卓越的人生資本，好口才更是一種用之不盡的財富。

7. 進取心，事業成功的助推器

進取心帶給我們一種積極的人生態度，提供了追求成功的支持力，使我們的人生更有意義。因此，人不能渾渾噩噩地活著，要知道自己想做什麼，怎樣才能完成，野心也就油然而生了。每個人都希望自己的存在是有價值的，並且能夠升值，被人忽略或者無所事事，只會讓人變得越來越懶惰和無用。

進取心與信心是相互作用的。一個有進取心、有志向的人通常都是對自己的實力有信心的人，而堅定的信心是成就偉大事業不可缺少的要素。進取心越大，信心越堅定，成功的機率也越大；反過來說，一個沒有信心的人，絕對不會有什麼成就。

 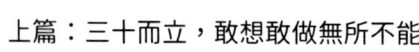

上篇：三十而立，敢想敢做無所不能

　　成功的人自有其不同於凡俗的神態，那種流露在臉上的堅強自信，正是內心不折不扣的表現。你若是想要出人頭地，一定要具備肯定自我的心態，必先肯定自我，你才會獲得成功。

　　隨著人類社會生產力的發展，物質生活水準的整體提高，社會生存的競爭也越來越激烈。要想在競爭激烈的社會上站穩腳跟，沒有一點野心是行不通的。志當存高遠，人的志向與成就從來是密切相關的。如果沒有遠大的志向，就不可能成就大業。

　　一般來說，對自己的要求越高，行為就越積極；對自己的要求越低，取得的成就則越小。人到中年時總是需要一種成就感做支撐的。

　　進取心是邁向成功的第一步。現在很多人崇尚「知足常樂」，固然，知足常樂可以作為一種生活態度，可以讓人過得更輕鬆，但是卻絕對不可以當作人生信條。我們生活在這個世界上，就必須不斷地奮鬥，不斷地向新的目標奮進。沒有進取心的人是可悲的，不管他多麼有才華，沒有了進取的信念，就只能成為一個庸庸碌碌的人。

　　阿武和小玲考進了同一所全國知名大學。在校期間，兩個人都十分努力，成績優秀。在大四面臨畢業的時候，一家國際知名企業到學校來招募人才，兩個人都順利地過關斬將，成功地獲得了僅有的兩個名額。因為是校友，又到了同一個公司，兩人自然就親近了許多。

　　在別人眼裡他們是幸運的，不用經歷「一畢業就失業」的尷尬人生。小玲也是這樣想，她對自己的工作十分滿意，認為自己以前所有的努力終於有了回報。所以，她總是很認真地對待每一項工作任務，超怕丟了飯碗。阿武則不然，到公司以後，他的工作也很出色，頗受上司賞識，但是阿武覺得這家公司不太適合自己發展，於是在做好了初步的行業經驗累積之後，就毅然決然辭職，打算自己打拚。下面是他們臨別前的對話：

「什麼？要辭職？好好的工作不做要做生意，破產了怎麼辦？」小玲顯然不理解阿武的想法。

「我覺得應該出去闖一闖了，看看自己到底有什麼能耐，我覺得我不會一直幫別人賺錢！」阿武充滿信心地說。

「踏踏實實做事就可以了，人要懂得知足嘛，不要有那麼大野心，而且我們現在的工作待遇已經很不錯了，大部分人都得不到的。」小玲善意地挽留。

「小玲，現在社會競爭激烈，如果一點也不為今後打算，沒有一個更加長遠的目標，遲早會被淘汰的。妳別光看眼前啊，妳也要早點打算才是。」阿武反過來勸說小玲了。

不久，阿武離開了公司，自己去闖蕩職場了。

兩年後，小玲所在的公司進行了人事變動，小玲雖然工作上沒出過什麼錯，可是因為表現平平，被公司列在了裁員名單裡。小玲最終成為了一名失業者。而此時，阿武已經是一家公司的CEO了。

明白自己想要什麼才能有持續不斷的奮進動力。年輕時候的進取心，也許就是日後事業藍圖的初稿。一個沒有夢想的人是可悲的，沒有進取心的生活是沒有熱情和動力的，也是不可能創造輝煌業績的。

【成熟大人有話說】

有想得到的東西才有前進的動力。每個人心裡都有一個夢，為了實現夢想而努力奮發的勁頭，是每個認真做事業的人應該有的狀態。

 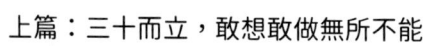

8. 絕不能被命運牽著鼻子走

我們要學會擺脫命運的桎梏，成為命運的主宰者。有些人天生嗓子沙啞，後來卻成了電視臺的新聞播報員；有些人沒有多少文化知識，在別人眼裡只適合去餐廳端盤子，但後來卻成了某公司的 CEO；有些人因為天生性格內向，被人認為連一雙手套都賣不出去，後來卻成了汽車銷售大王。

沒有經歷過苦難的人生是不完美的人生，就像沒有經歷過風雨的天空是不完整的天空一樣。人唯有深切地體驗過苦難，學會直面苦難，才有戰勝苦難和永遠脫離苦難的決心和意志。

三十歲的男人，一定要明白什麼是命運。命運是完全可以改變的，活著就不能被命運所擺布。

數十年前，有位社會學教授，曾經讓班上一群學生到一個貧民窟，調查二十名男孩的成長背景和生活環境，並對他們未來的發展作一個評估。每個大學生得出的結論都相同：這些貧民窟裡的男孩不會有出頭之日。二十五年後，其中的一個大學生成為了教授，他無意中在辦公室的檔案中發現了當年的研究報告，他很想知道這些男孩的現狀到底如何，便讓自己的學生繼續作追蹤調查。

調查的結果是：這些男孩已經長大成人，除了有幾個人搬遷和過世，剩下的十一人幾乎都有很大的成就，其中有很多還是某些行業的領袖。同樣，也有幾個人窮困潦倒，甚至有兩人靠乞討為生。這個教授頗感驚訝，決定深入調查此事。於是，他拜訪了這些人，問道：「為什麼你會過上現在的生活？」結果那些成功的人都回答說：「要改變那種貧窮的面貌，讓自己和家人永遠都遠離貧困的折磨。」

第一章　二十出頭心中有數，三十之後穩步前行

　　而那些窮苦潦倒甚至以乞討為生的人，則回答說：「自己的命運本來就是這樣的，從小就生活在貧困之中，所以這都是注定的，個人根本無力改變什麼。」

　　為什麼有些人功成名就，有些人卻窮困潦倒呢？難道真的是命中注定嗎？看過故事中的回答，相信每個人都會有一個正確的答案。

　　生下來就一貧如洗的林肯，終其一生都在與命運抗爭，八次競選八次落敗，兩次經商也都以失敗而告終，甚至還精神崩潰過一次。好多次，他本可以放棄，但他選擇了堅持，也正因為如此，他才成為了美國歷史上最偉大的總統之一。

　　不僅美國總統林肯，每個人的命運都掌握在自己的手中。中國歷史上著名的皇帝朱元璋，能夠創下萬世基業，就是因為沒有把自己的命運交到別人手裡。如此，他才沒有受制於人，也才依靠自己的努力打下一片屬於自己的江山。

　　一個平庸的人帶著對命運的疑問去拜訪禪師，他問禪師：「您說真的有命運嗎？」

　　「有的。」禪師回答。

　　「是不是我命中注定貧困一生呢？」他問。

　　禪師就讓他伸出左手，指給他看說：「你看清楚了嗎？這條橫線叫愛情線，這條斜線叫做事業線，另外一條就是生命線。」

　　然後禪師又讓他跟自己做一個動作，把手慢慢地握起來，握得緊緊的。

　　禪師問：「您說這幾條線在哪裡？」

　　那人迷惑地說：「在我的手裡啊！」

　　「命運呢？」

029

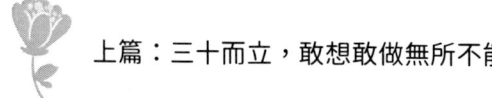
上篇：三十而立，敢想敢做無所不能

那人終於恍然大悟：命運是握在自己手裡的！沒有誰可以左右你自己！

每個時代都有它本身的進步和悲哀，一味地抱怨只會讓自己在大環境面前愈加渺小。在這個快馬加鞭的時代，不正視現在、不放眼未來和缺乏前瞻的心態都是非常危險的。世界在急速地變化，而你卻堅持著陳舊的認知拒絕改變，那你必會成為一個與時代脫節的人。

命運就在自己手中，自己只屬於自己獨有，誰都沒有權利控制你的命運，包括你的父母，你的愛人。英國著名政治家及作家迪斯雷利說過這樣一句話：「死腦筋的人相信命運，活腦筋的人則相信機會。」我們眼前的大多事實也正是這樣，相信命運的人隨波逐流，最終被命運的旋渦扼住了咽喉；相信機會的人卻主動出擊，自強不息，最終扼住命運的咽喉，實現了自己的夢想。

【成熟大人有話說】

要知道，你不是被命運擺布的玩偶，每個人都是自己命運的創造者！

9. 我們沒有大把的時間可以「等」

不知你有沒有注意到，在我們的周圍，有不少人在「等」：等薪資漲，等房子都更，等子女出社會，等股票升值，等一筆曾經講好的傭金，等某位親戚寄來貸款擔保書，等門前的馬路拓寬後變成店面，等老人家過世後可以接管他們的財產，等辦理退休手續……我們在似是而非的等待中，日子變得像「加了苦藥的糖」。

第一章　二十出頭心中有數，三十之後穩步前行

美國未來學家尼葛洛龐帝說：預見未來的最好辦法就是創造未來。請不要坐著不動等待奇蹟降臨，因為，你只會等到生命靜悄悄地流失。過去的已經過去，因為將來的日子我們無法掌控，所以，該努力的，我們要抓緊努力。不要總是以為我們有大把的時間可以「等」，人生百年，掐頭去尾，不過也就三五十年。

一位探險家在森林中看到一位農夫坐在樹樁上抽菸，於是上前打招呼說：「您好，您在這做什麼呢？」

農夫回答：「我在等，等待發生一場地震，把馬鈴薯從田裡翻出來。」

「咦？」

「有一次我正要砍樹，但就在這時風雨大作，刮倒了許多參天大樹，省了我不少力氣。」

「您真幸運。」

「您可說對了。還有一次，暴風與閃電把我準備焚燒的乾草給點著了。」

「所以現在……」

有付出，才會有收穫；有努力，才會有報酬。否則，只能是空想。當你願意站起來為自己一些行動的力量，就算結果不如預期，但努力的過程與學習到的經驗，都是金錢買不到的。

夜晚或黃昏的時候，你憑欄眺望，蒼穹、樓群、遠處變幻的霓虹廣告，喚起你一種超然物外的愉悅感……慢慢地你自然而然地會收回目光，開始注視樓群的一扇扇窗，這一片萬家燈火的景象，你的思緒漸漸融入現實生活裡。對於你來說，這隱藏在各色窗簾後面的窗戶，是別人的生活，你也許會以一種悲天憫人的博大胸懷，祈祝人人溫馨快樂；也

031

上篇：三十而立，敢想敢做無所不能

許會引發某種疑惑：他們的日子是不是過得很好，有沒有煩惱和不幸？你像一位哲學家一樣，想得很多很多⋯⋯

【成熟大人有話說】

莫等閒，白了少年頭，空悲切。

第二章
勇於思考、果敢行動，實現人生飛躍

敢想：就是要根據自身的特長、能力，結合自己的專長及工作特點，頭腦裡產生各種奇思妙想。

敢做：就是腳踏實地，勇於行動，一步一步實現自己的理想。

敢擔當：就是要勇於承擔責任，在任何時候絕不找任何藉口。

1. 你想成為怎樣的人，就能成為怎樣的人

你想成為什麼樣的人？如果你正被人輕視甚至無視，你應該問問自己這個問題。做一個被人尊敬的人，並不是那麼難，關鍵要看你是否有這個決心和信心。

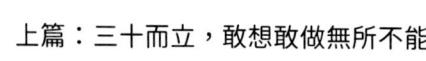
上篇：三十而立，敢想敢做無所不能

隨著人類社會的發展，人的自我存在價值與自我改造社會的作用越來越顯示出巨大的力量，自信成為成功的先決條件。軒轅大帝在風吹草團滾動前進的啟示下造出了車輪；大禹三過家門而不入，帶領民眾治理河道；愚公移山不止的精神，都蘊藏著要使事業成功的強大自信與勇於向大自然挑戰的信念。

凡成大事者沒有一個是缺乏信心的懦夫。因為懦夫永遠不確信自己所做的事情是值得堅持的，即使自己做的是一件大好事。

秦皇漢武，唐宗宋祖，都表現出了平常人難有的自信。李賀對秦王那不可一世的氣魄作詩云：「秦王騎虎遊八極，劍光照空天自碧。」盧綸對李廣將軍那鎮定自若，箭出虎倒的氣勢描寫說：「林暗草驚風，將軍夜引弓。平明尋白羽，沒在石稜中。」秦王、李廣雖不屬同一類型的歷史人物，但是他們在中國歷史上的卓著戰績中都擁有扭轉乾坤與力挽狂瀾的自信。

要擁有自信，必須提高自我評價，正確認識自我。李白在〈將進酒〉中寫道：「天生我材必有用。」即是說，我能生臨人世間，必定是人世間需要我，我能發揮出對人世有益的作用，甚至能做出一定的貢獻。有些人在沒有困難出現時表現得滔滔不絕、自信滿滿，可是一遇到逆境便找不到人，或者沉默不語了。須知：「戰勝自己的自卑和怯弱，是對事業的最好幫助。」在逆境中，更應該相信自己。相信自己你就是贏家！

能夠成就大事業的人，永遠是那些有主見的，勇於想人之所不敢想，為人之所不敢為的人，是那些不怕被孤立，勇敢而有創造力的人。至於那些沉迷於卑微信念的人，不敢抬頭要求優越的人，自然要老死窗下，卑微以歿世。

普通平凡的人，因為他們沒有發覺到自己沉睡著的「神聖潛能」，而

不能把它喚起,從而失去了人人是英雄豪傑的自信力,而安然於普通平凡之中。英雄豪傑之士就有所不同,他們有遠大的理想,崇高的目標,宏大的意志,強大的信心,昂首闊步,永遠向前,永遠向上,不屈地堅持著要發展自己的生命力,創造出偉大的奇蹟來。

【成熟大人有話說】

很多時候,失敗不是因為實力不足,而是自己不相信自己能成功。只有自信才是人生最有力的加油站。天下沒有克服不了的障礙,只要你能勇往直前,深信生命中的每件事情都能刺激你實現目標。

2. 只有想不到,沒有做不到

成功的路有長有短、有曲有直,只要擁有了成功的智慧就能找到一條最佳線路。如果說成功是你的人生目標,那麼智慧就是引導你到達成功的航標。世界上沒有做不到的事情,只要你想到正確的方法就可以。

有一個美國農村老頭,他有三個兒子。大兒子、二兒子都在城裡工作,只有小兒子和他在一起,父子倆相依為命。

有一天,一個人找到老頭,對他說:「親愛的老人家,我想把您的小兒子帶到城裡去工作,行嗎?」

老頭氣憤地說:「不行,絕對不行,你滾出去吧!」

這個人說:「如果我在城裡替您的小兒子找個女朋友,可以嗎?」

老頭搖搖頭:「不行,快滾出去吧!」

這個人又說:「如果我幫您小兒子找的對象,也就是您未來的媳婦,

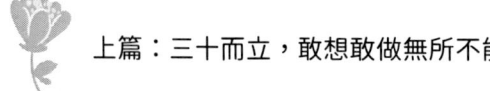

上篇：三十而立，敢想敢做無所不能

是洛克斐勒的女兒呢？」

老頭想了又想，終於被「洛克斐勒的女婿」這件事打動，便點頭同意了。

這個人又找到美國首富石油大王洛克斐勒，對他說：「親愛的洛克斐勒先生，我想幫您的女兒找個對象。」

洛克斐勒說：「快滾出去吧！」

這個人又說：「如果我幫您女兒找的男朋友，也就是您未來的女婿是世界銀行的副總裁，可以嗎？」洛克斐勒同意了。

最後，這個人又找到世界銀行總裁，對他說：「親愛的總裁先生，您應該馬上任命一位副總裁！」

總裁先生頭也不抬地說：「不可能，這裡這麼多副總裁，我為什麼還要任命一位副總裁呢，而且還必須『馬上』？」

這個人說：「如果您任命的這位副總裁是洛克斐勒的女婿，可以嗎？」

總裁先生聽了這話當然同意了。

結果那位小兒子真的當上了洛克斐勒的女婿，成為了世界銀行的副總裁。

上面說的其實只是個笑話，但卻充分說明了一個道理：想到就能做到！

思維是人類生存的靈魂。想不到的人，永遠不可能做到；淺嘗輒止的人，也不可能做到；只有能為人之不能為、敢為人之不敢為的人才能做到！

舒樂牧師立志在美國加州用玻璃建造一座水晶大教堂，他向著名的設計師強生表達了自己的構想：「我要的不是一座普通的教堂，我要在人間建造一座伊甸園。」

第二章　勇於思考、果敢行動，實現人生飛躍

　　強生問他預算，舒樂牧師堅定而坦率地說：「我現在一毛錢也沒有，所以100萬美元與400萬美元的預算對我來說沒有區別，但重要的是，這座教堂本身要具有足夠的魅力來吸引眾人捐款。」

　　強生為他設計了一座「水晶大教堂」，最終的預算為700萬美元。700萬美元對當時的舒樂牧師來說不僅是一個超出了能力範圍的數字，更是一個超出了理解範圍的數字。

　　當天夜裡，舒樂牧師拿出一頁白紙，從最上面寫下「700萬美元」，然後又寫下十行字：

　　一、尋找1筆700萬美元的捐款。

　　二、尋找7筆100萬美元的捐款。

　　三、尋找14筆50萬美元的捐款。

　　四、尋找28筆25萬美元的捐款。

　　五、尋找70筆10萬美元的捐款。

　　六、尋找100筆7萬美元的捐款。

　　七、尋找140筆5萬美元的捐款。

　　八、尋找280筆2.5萬美元的捐款。

　　九、尋找700筆1萬美元的捐款。

　　十、賣掉1萬扇窗，每扇700美元。

　　六十天後，舒樂牧師用水晶大教堂奇特而美妙的模型打動了一位富商，得到了第一筆100萬美元的捐款。第六十五天，一對傾聽了舒樂牧師演講的農民夫婦捐出了1,000美元。第九十天，一位被舒樂牧師孜孜以求的精神所感動的陌生人，在生日的當天寄給舒樂牧師一張100萬美元的支票。八個月後，一名捐款者對舒樂牧師說：「如果你的誠意與努力能籌到600萬美元，剩下的100萬美元由我來支付。」

　　第二年，舒樂牧師以每扇500美元的價格請求美國人認購水晶大教

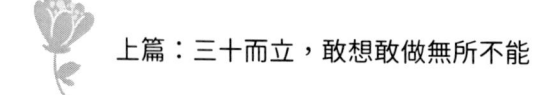

堂的窗戶，付款的辦法為每月50美元，十個月付清。六個月內，一萬多扇窗戶全部售出去了。

歷經十二年，一個可容納一萬多人的水晶大教堂竣工了。它成為了世界建築史上的奇蹟和經典，也成為了世界各地前往加州遊覽的勝景。

水晶大教堂最終的造價為2,000萬美元，全部是靠舒樂牧師一點一滴籌集而來的。

由此可見，成功往往是靠腦袋，而不是手和腳。

【成熟大人有話說】

人生的成功，需要章法來完成，智慧是成功的保證，沒有智慧的成功是一個夢。

3.「抽一鞭，動一下」，你不會有出息

卡內基曾經告訴拿破崙・希爾，有兩種人不會成大器：一種是除非別人讓他做，否則絕不會主動做事的人；另一種是別人讓他去做，也做不好事情的人。只有那些不需要別人去催促就會主動做事，並且不會半途而廢的人才會取得成功。

一天，佛陀坐在金剛座上，開示弟子們道：

「世間有四種馬：第一種是良馬，主人為牠配上馬鞍，駕上轡頭，牠能夠日行千里，快速如流星。尤其可貴的是當主人一抬起手中的鞭子，牠一見到鞭影，便能夠知道主人的心意，輕重緩急，前進後退，都能夠揣度得恰到好處，不差毫釐。這是能夠明察秋毫、洞察先機的第一等良駒。

第二種是好馬，當主人的鞭子打下來的時候，牠看到鞭影不能馬上警覺，但是等鞭子打到了馬尾的毛端，牠才能領會到主人的意思，奔躍飛騰。這是反應靈敏、矯健善走的好馬。

　　第三種是庸馬，不管主人幾度揚起皮鞭，見到鞭影，牠不但遲鈍、毫無反應，甚至皮鞭屢次揮打在皮毛上，牠都無動於衷。等到主人動了怒氣，鞭棍交加打在牠結實的肉軀上，牠才能有所察覺，按照主人的命令奔跑。這是後知後覺的平凡庸馬。

　　第四種是駑馬，主人揚起了鞭子，牠視若無睹。鞭棍抽打在牠的皮肉上，牠也毫無知覺；等到主人盛怒了，雙腿夾緊馬鞍兩側的鐵錐，霎時痛入骨髓，皮肉潰爛，牠才如夢初醒，放足狂奔。這是愚劣無知、冥頑不靈的駑馬。」

　　企業當中同樣存在著四種「馬」。良馬型的員工能夠主動學習、勇於擔責，知道自己該幹什麼，也知道企業需要他做什麼，這種人最容易成功；好馬型的員工雖然不是最聰明的，卻也不差，別人稍加提醒，他馬上意識到問題的存在，承擔起自己的責任，也算是識大體、業績突出的好員工；庸馬型的員工則有如不怕開水燙的死豬，做什麼事都得別人反覆提醒和催促，直到主管發飆了才開始慌亂起來，這種人一般令主管感到頭疼；不過，最糟糕的還是駑馬型的員工，又笨又懶，你說什麼，他都滿不在乎。只有當工作變得一塌糊塗，被開除的時候，他才後悔莫及，但是一切都已經晚了，企業永遠不需要這種員工。

　　我們也可以稱後兩種員工為懶驢型的員工。「挨一鞭，動一下」就用來形容敷衍工作的人，就好像「懶驢拉磨」，猛地提醒、警告一下，這類員工才會走幾步，你不用「鞭子」去「抽打」他，他就不動。

　　責任心是驅使人主動做事的內在力量，是主動去做應該做的事情的力量。責任心可以創造工作，創造別人無法成就的事；責任心可以創造

上篇：三十而立，敢想敢做無所不能

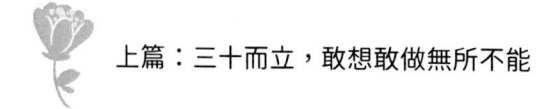

財富，創造成功的機會。

有兩個學生同時報考某教授的博士生，可是教授只收一個學生，於是教授就給他們出了一道題目，兩個學生同時做完了題目。過程一樣精采，結果也一樣正確，難分伯仲。教授思考了一下，選擇了其中一個。

另一個很不服氣地找教授問：「為什麼沒有選擇我？」教授指著題目開始做的時間說：「題目是我上週五下午交待的，他是上週五下午四點開始做的，你是週一開始做的。我之所以選擇從週五下午四點開始做的他，是因為我認為一個立刻開始行動的人更具競爭力。」

不同的態度產生不同的結果。有許多被動的人平庸一輩子，是因為他們一定要等到每一件事情都百分之百的有利、萬無一失以後才去做。

當然，我們必須追求完美，但是人間的事情沒有一件絕對完美或接近完美。等到所有的條件都完美以後才去做，只能永遠等下去了。

古希臘哲學家蘇格拉底說：「要使世界動，一定要自己先動。」一個有責任的人，就是一個不需別人提醒，也能夠自覺、主動行動的人。而那些驢子拉磨似的人，那些當一天和尚撞一天鐘的人，那些拖拖拉拉，不求有功、但求無過的人，注定只能原地踏步，甚至被時代解僱，被職場拒絕。

【成熟大人有話說】

成功的人與不成功的人的最大區別就是，成功的人做事都積極主動，而不成功的人則多半消極被動。

4. 懶惰散漫，只能無所作為

懶惰永遠不會是成大事者生活的內容。在所有的情感中，懶惰是最不為我們所察覺的，也是所有情感中最熱烈、最具有惡意的，儘管它遞來的危害很隱蔽。如果我們用心思索一下它的威力，就會發現在每一次的掙扎中，它都會戰勝我們的感受、興趣和快樂。

懶惰的養成，是由於過多沉溺於無所作為的日子，以及厭惡為事情過得忙碌。這種個性，很難被生活上的什麼元素刺激而發生改變，所以沒有追求某種事物的強烈欲望。

懶惰與自閉也有一定的關係，因為害怕接觸過多陌生人而產生心理負擔，所以乾脆不接觸，導致很多計畫和想法擱淺，於是只好整個人處在逃避現實的世界裡，是另一種處尊養優的表現。只可惜這樣的日子過得枯燥且乏味，無法感受播種、等待收成的樂趣。

再一種就是思想的懶惰。有些人相當勤奮於工作，可是思想上卻懶於進行深層分析，不願意為了充分了解事物的細節而大費精力，這樣的人也只能導致人生碌碌無為。不過這種純勞動的快樂，卻能帶來一種平凡的幸福感。而且，有些人還羨慕這樣的生活。

其實，讓人最受不了的是懶人的侃侃而談，那種捍衛地球的正義模樣，常讓人覺得他們的膚淺！有懶散這種性格缺陷的人對任何事都憂鬱寡歡，提不起精神。對事情的前因後果考慮來考慮去，一種可怕的失落感就流遍全身。有些懶人從來不願做任何一項工作，甚至連洗碗也不願把水擦乾，這樣的人永遠只能是無所作為。

面對惰性這種行為，有些人渾渾噩噩，意識不到這是懶惰；有些人寄希望於明日，總是幻想美好的未來；而更多的人雖極想克服這種行為，

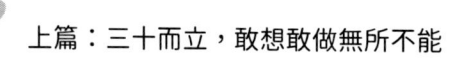

但往往不知道如何下手，因而得過且過，日復一日。

懶惰是一種心理上的厭倦情緒。它的表現形式多種多樣，包括極端的懶散狀態和輕微的猶豫不決。生氣、羞怯、嫉妒、嫌惡等都會引起懶惰，使人無法按照自己的願望進行活動。

有些人的懶惰行為更為嚴重，主要表現在日常學習、生活方面。比如：不能愉快地同親人或他人交談，儘管你很希望這樣做；不能從事自己喜愛做的事，不愛從事體育活動，心情也總是不愉快；整天苦思冥想而對周圍漠不關心；由於焦慮而不能入睡，睡眠不好；日常起居無秩序，無要求，不講衛生；不知道讀書的目的，不能主動地思考問題……這都是懶惰的行為。

在我們的現實生活中，多數人天生是懶惰的，大都盡可能逃避工作。他們大部分人沒有雄心壯志和負責精神，寧可期望別人來領導和指揮，也不肯個人奮鬥，就算有一部分人有著宏大的目標，也缺乏執行的勇氣。從而由懈怠引起無聊，由無聊再導致懶散。懶惰會吞噬人的心靈，使自己對那些勤奮之人充滿了嫉妒。許多人都抱著這樣一種想法：我的老闆太苛刻了，根本不值得如此勤奮地為他工作。然而，他們忽略了這樣一個道理：工作時虛度光陰會傷害你的雇主，但傷害更深的是你自己。一些人花費很多精力來逃避工作，卻不願花相同的精力努力完成工作。他們以為自己騙得過老闆，其實，他們最終愚弄的卻是自己。

對一位渴望成功的人來說，拖延最具破壞性，也是最危險的惡習，它使人喪失進取心。一旦開始遇事推拖，就很容易再次拖延，直到變成一種根深蒂固的習慣。習慣性的拖延者通常也是製造藉口的專家。如果你存心拖延逃避，你就能找出成千上萬個理由來辯解為什麼事情無法完成，而對事情應該完成的理由卻想得少之又少。因為把「事情太困難、

太昂貴、太花時間」等種種理由合理化，要比相信「只要我們更努力、更聰明、信心更強，就能完成任何事」的念頭容易得多。

所以，你必須學會與懶惰抗爭。你可以這樣做：學會微笑。當你不再用冷漠、生氣的臉孔與親人交談時，你會發現他們其實都很喜歡你，重視你。學會做一些難度很小的事或是你最愛幹的事，也可以做些你想了很久的事。不要只看結果如何，只要這段時間過得充實愉快。要保持樂觀的情緒，不要動不動就生氣。遇到挫折時，生氣是無能的表現。正確的做法應該是冷靜地查找問題出在哪裡，或是自我解脫，或是與別人商量，哪怕是爭論一番都會對掃除障礙有益處。這個過程帶來的喜悅能使你更加好學。

學會肯定自己，勇敢地把不足變為勤奮的動力。讀書、工作時都要全身心投入爭取最滿意的結果。無論結果如何，都要看到自己努力的一面。如果改變方法也不能很好地完成，就說明你是技術不熟，或是還需完善其中某方面的學習。然後，透過扎實的學習讓你取得成功。

克服懶惰，正如克服任何一種壞毛病一樣，是件很困難的事情。但是只要你決心與懶惰分手，在實際的生活學習中持之以恆，那麼，燦爛的未來就會屬於你。

【成熟大人有話說】

懶惰是進步的大敵。它是人類基因裡固有的一種劣根，是害怕承擔責任的一種表現。只要能克服懶惰，你的生活就一定能改變。

5. 要冒險，但不能冒進

　　現實生活中，大多數人只能遠遠地看著別人痛飲成功之水，自己卻忍受著乾渴的煎熬。為什麼會出現這樣的情形？關鍵就在於害怕冒險。

　　一次，一個人問智者：「什麼時候是最安全的？」智者回答：「未起航的船，未上路的車。」是啊，船不起航，就永遠沒有觸礁的危險；車未上路，就永遠不用擔心出車禍。

　　可是，問一問三十歲的男人，你願意做一條永遠停在岸邊的船、永遠鎖在車庫裡的車嗎？

　　不願意，這必定是每個三十歲男人的回答。

　　有人曾形容過男人與冒險的關係，「擁有新奇、神祕還有刺激，你將成為萬千女子心目中的傳奇」。可見，冒險不僅能為男人帶來財富，還能增加男人錚錚鐵漢的氣質。

　　然而，有些人之所以害怕失敗，是因為他們害怕失去自信心，所以他們試圖將自己置於萬無一失的位置。不幸的是，正是這種態度把他們困在了一個不可能做出什麼傑出成就的位置。

　　那些害怕危險的人，危險反而無處不在。世界上有許許多多的人都不敢冒險，不敢選擇冒險，只求穩妥。其實，好多事情不是我們做不到，而是沒有在最恰當的時候去做，好多投資的機會我們並不是沒有實力，而是直到別人已經大把大把的錢賺回來的時候，才後悔當初自己那麼傻。所有的事實證明，只有勇於冒險、勇於冒險的人，才可能獲得成功！

　　一個人想成功，就一定要克服只求穩穩當當做事的弱點，要敢作敢為，讓自己的膽子大一些，相信自己能衝破人生難關。

第二章　勇於思考、果敢行動，實現人生飛躍

一個年輕人離開故鄉，開始創造自己的前途。他動身的第一站，是去拜訪本族的族長，請求指點。

老族長正在練字，聽說本族有位後輩開始踏上人生的旅途，就寫了三個字：「不要怕」，然後抬起頭來，望著年輕人說：「孩子，人生的祕訣只有六個字，今天先告訴你三個，供你半生受用。」

十年後，這個年輕人已建立起了一個超級商業王國，取得了巨大的成就。但成功總是伴隨著磨難和傷感。他回到了家鄉，又去拜訪那位族長。他到了族長家裡，才知道老人家幾年前已經去世了。這時，家人取出一個密封的信封對他說：「這是族長生前留給你的，他說有一天你會再來。」年輕人拆開信封，裡面赫然又是三個大字：「不要悔。」

男人要有冒險精神，但不能冒進。輕急冒進，不切實際，貪大貪全，致使決策失誤，最後的結果就是利益受損，事業失敗。

一個人問一個智者：「什麼叫冒險，什麼叫冒進？」

智者說，比如有一個山洞，山洞裡有一桶金子，你進去把金子拿了出來。假如那山洞是一個狼洞，你這就是冒險；假如那山洞是一個老虎洞，你這就是冒進了。

智者又說，假如那山洞裡有的只是一捆劈柴，那麼，即使那是一個狗洞，你也是冒進。

這說明了什麼呢？說明冒險就是這樣一種東西：當你經過努力，有可能得到，而且那東西值得你得到時，你就可以去冒險。否則，你就是冒進，不值得。所以，面對機會，一定要準確地分析出是冒險還是冒進，而後才可採取積極的行動，最好不要貿然行事。

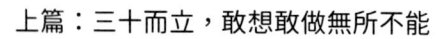

【成熟大人有話說】

你一定要分清冒險與冒進的關係，要區分清楚什麼是勇敢，什麼是無知。無知的冒進只會使事情變得更糟，你的行為將變得毫無意義，並且惹人恥笑。

6. 責任勝於能力

任何藉口都是推卸責任。在責任和藉口之間，選擇責任還是選擇藉口，展現出──個人的處世態度。能力永遠由責任來承載，而責任本身就是一種能力，那些在工作中推三阻四，總是抱怨客觀因素，尋找各種藉口為自己開脫的人，往往在職場中是被動者，他們勞累一生卻很難有出色的業績。

有些人養成了找藉口的習慣，常常用一些漂亮的言辭來掩蓋過失。說什麼「我正在分析」，可是無數個月過去了，他們還在分析。他們沒有意識到，他們正在受到某種被稱為「分析麻痺」的病毒的侵蝕，這樣只會使他們越陷越深，永遠也不能實現自己的夢想。還有另外一種人形成拖遝的習慣是以「我正在準備」做掩護的，一個月過去了，他們仍然在準備，好多個月過去了，他們還沒有準備充分。他們沒有意識到這樣一個嚴重的問題，他們正在受到某種被稱為「藉口」的病毒的侵蝕，他們不斷為自己製造藉口。「我正在等候時機」……在這些藉口的掩蓋下，他們放任著自己的責任。

有不少人習慣於以種種藉口來拖年度日，而不是找理由謀生。他們總是不斷地為自己找藉口，為自己作辯解，為自己尋求安慰：「它本來可以這樣的」、「我本來應該」、「我本來能夠」、「如果當時我……該多好

啊」，生命不是開玩笑，從來就沒有虛擬語氣的說法。我們之所以會把問題擱置在一旁，最主要的原因就在於我們還沒有學會對自己的人生負責，這也是我們後來後悔的時候痛苦不堪的原因。

著名的美國西點軍校有一個悠久的傳統，那就是遇到學長或軍官問話，新生只能有四種回答：

「報告長官，是。」

「報告長官，不是。」

「報告長官，沒有任何藉口。」

「報告長官，我不知道。」

除此之外，不能多說一個字。

新生可能會覺得這個制度不近情理，例如軍官問你：「你的腰帶這樣算擦亮了嗎？」你的第一反應必然是為自己辯解。但遺憾的是，你只能有以上四種回答，別無其他選擇。

所以對待剛才上面的哪個問題，你也許只能說：「報告長官，不是。」

如果軍官再問為什麼，唯一的而且恰當的回答是：「報告長官，沒有任何藉口。」

這一方面是要新生學習如何忍受不公平——人生不可能永遠公平。同時另一方面也是讓新生們學習必須勇於承擔責任的道理：現在他們只是軍校學生，恪盡職責可能只要做到服裝儀容的整潔即可，但是日後他們的責任卻關乎其他人的生死存亡。因此，「沒有任何藉口！」

從西點軍校出來的學生許多人後來都成為傑出將領或商界奇才，不能不說與在西點軍校培養成的「沒有任何藉口」的觀念存在著密切的關係。

上篇：三十而立，敢想敢做無所不能

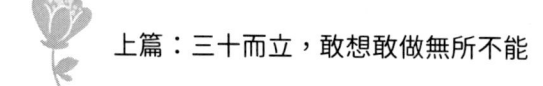

在職場中，員工們大都習慣於替自己尋找、搜羅各種藉口，而很少有人勇於完全承擔責任，所以，那些勇於說「沒有任何藉口」的員工，才是員工中的優秀者。

兩個年輕人剛進入公司不久，被同時派遣到一家大型連鎖店做一線業務員。

一天，這家店在清查帳目的時候發現需要交納的營業稅比以前多了很多，仔細檢查後發現，原來是兩個年輕人負責的店面將營業額後面多打了一個零！面對經理，兩個年輕人面面相覷，但帳單就在面前，不容抵賴。一陣沉默之後，兩個年輕人分別開口了，其中一個解釋說自己剛開始工作，難免有些緊張，而且對公司的財務方案還不是很熟，所以……而另一個年輕人卻沒有作太多的解釋，他只是對經理說，這的確是他們的過失，他願意用兩個月的獎金對公司進行補償，同時他保證以後再也不會犯同樣的錯誤。

走出經理室，開始說話的那個員工對另一名員工說：「你也太傻了吧，兩個月的獎金，那豈不是白做工了？這種事情我們新手說說就行了。」後者輕輕地笑了笑，沒有說什麼。在這以後，公司裡好幾次培訓的機會，都給了勇於承擔責任的年輕人。另一個年輕人開始忍不住了，他跑去質問經理為什麼對待他們兩個人如此不公平。經理沒有多說什麼，只是對他說：「一個事後不願承擔責任的人，不值得團隊信任與培養。」

老闆心目中的優秀員工，應是負責任的人。只有對自己的行為負責，對公司和老闆負責、對客戶負責的人，才是老闆值得關注的良好的員工。

一定不要自以為是而忘記了自己的責任。巴頓將軍有句名言：「逃避責任的人一文不值。遇到這種軍官，我會馬上調換他的職務。每個人都必須心甘情願地為完成任務而獻身。」他所強調的是：每個人都應該付

出，要到最需要你的地方去，時刻不能忘記你的責任。一定不要利用自己的功績或手中的權力來掩蓋錯誤，從而忘記自己應承擔的責任。

人們通常習慣於為自己的過失尋找藉口，以為如此可以逃脫懲罰，結果並不然。正確的做法是：承認它們、解釋它們，並且為它們道歉。更重要的是要利用它們，讓人們看到你是如何承擔責任、如何從錯誤中吸取經驗和教訓的。

具備這般高度責任感的員工，將被任何一位老闆重用。當責任從前門進來，你卻從後門溜走，此時你失去的恰恰就是伴隨責任而來的機會。

【成熟大人有話說】

藉口與責任相關，高度的責任心才有可能產生出色的工作成果。要想使自己成為一個優秀的人，就要做到沒有藉口，勇於負責。

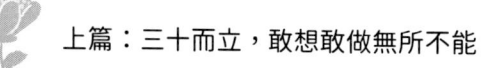

第三章
勇於探索，外面的世界等你發現

「外面的世界很精采，我出去會不會失敗；外面的世界特別慷慨，闖出去我就可以活過來。留在這裡我看不到現在，我要出去尋找我的未來；下定了決心改變日子真難捱，吹熄了蠟燭願望就是離開。外面的世界很精采，我出去會變得可愛；外面的機會來得很快，我一定找到自己的存在，一離開頭也不轉不回來⋯⋯」正如劉若英〈外面〉所唱的，出去闖，才有更多的機會實現自己的人生價值。

1. 化身一滴水，走到哪都能融得下

每個人身上都應該具備融通性。融通性的高低決定了自身與周圍環境的契合程度和人際關係建立的基本狀況。

社會就是由很多人組成的，每個人都有自己的個性特徵。或者，每個地方的人都有某些類似的共同的個性特徵。但是作為一個走南闖北的人，過於強調自己的個性未必是一件好事。融入社會的前提條件是，把自己當成一滴水，把社會看做一片海。具體來說，一個滿懷志向，想在他鄉做出一番事業的人，應該怎樣認識社會、融入社會呢？

第一，練就一雙有敏銳觀察力的眼睛。多層面地豐富社會知識，擴大社會視野，認識社會現象。旅遊和閱讀都是非常好的方式，培養探索社會問題興趣的同時，可更敏銳而全面地了解社會，並為社會服務。

第二，大方地與陌生人接觸。真誠但是謹慎地與不相識的人接觸是很有必要的，尤其是因為工作或者學習關係需要認識原本陌生的人。尊重對方才能贏得對方的尊重，在新的地方建立屬於自己的、自然的社交圈子很重要。

第三，常和長輩聯絡，認真聽取建議。不管是哪一類的社會實踐活動，都需要有一定的人生經驗做基礎。隻身在外的年輕人缺少的正是這種經驗。所以，不管你走到哪裡，都不要忘記經常打個電話回家，問候一下，說出自己的現狀，聽取寶貴的建議。這會在無形之中讓你少走不少彎路。

到一個新地方的時候，能夠在最短的時間內融入當地的生活，建立新的人際關係網路，是一件很不容易的事。所以，走出去的人要把自己化身一滴水，具備水的融合性。不管是雨水還是湖水、井水，到哪裡都不會被排斥。一個不斷在路上行走的人，需要的正是這樣的特質。從現在開始，積極參與社會活動，把自己的融通性更好地發揮出來吧。

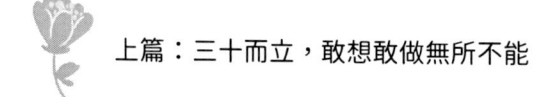

【成熟大人有話說】

不要刻意地把自己與別人分隔開來,也不要為自己的生活設下局限。只要你想,你就能在任何地方生活。

2. 漂 —— 另一種人生選擇

你現在在漂著嗎?

漂,已經成為時下年輕人走出家門後踏上社會的一種普遍的生存狀態。

漂,單從字面上就不難看出,這是一種缺乏安全感的狀態,包含了對於未來的不確定性和冒險精神。生活本身就是會經歷酸甜苦辣的,但是對於一直「漂」著的人來說,這滋味的體會更加真切。

暫以北漂為例說說具有冒險精神的生活狀態是怎樣的。所謂的北漂,在臺灣指的是來自非臺北地區的、非臺北人、在臺北生活和工作的人們。北漂的日子中,有著各種情感交織其間,最多的就是迷惘和孤獨。因此,作為一名北漂必須要有適當的釋放壓力的方法。

漂,是一種人生選擇,但與此同時也注定要承受壓力。因為要釋放壓力,許多人選擇去環境優雅的地方旅遊,要麼就是去健身的地方流汗,這也是一種不錯的發洩方式。但是,不管哪一種都不是解決問題的根本辦法。

很多時候,更需要找到壓力的來源。每個身在外地工作的人,回家鄉的時候會有或多或少的歸屬感,這是因為回到家的他們是放鬆的,任何人都能感受他們的快樂,感受他們的希望,而置身在外的時候要把自己的內心保護起來,包裹起來。

這些人在心理上更是一種漂的狀態。也許很多北漂人很成功,但歸

第三章　勇於探索，外面的世界等你發現

根結柢還是缺少一種心靈的安全感和歸屬感。

在外地漂著的年輕人從學校畢業之後大多會失去人生目標，或者說才剛開始思考什麼是人生目標。大部分人在激烈的競爭中找到一份工作，但是，從就業所在地與戶籍所在地相分離這種視角來看，他們仍然屬於「漂」的一族。這些漂在外地的年輕人，多數具有一定學歷或較高的文化素養、知識技能，他們主要尋求在文化產業、高新技術產業等領域實現自己的夢想。

一份職業，一間出租套房，朝九晚五的工作軌跡是大多數北漂的生活現狀，但是無論從戶口上還是心靈上他們都尚未屬於這個城市。親朋好友主要在異地他鄉，即使自己一年之中九成的時間都在臺北也無法擺脫漂流者的狀態。

曾有一個北漂多年的人這樣說過：真正結束漂來漂去生活的方法只有一個，那就是融入當地人的生活。只有你真正地與本地人生活在一起，進入了他的家庭或者她的生活，你才能真正感受到當地人的生活，才能真正體會當地特有的文化，也才能真正扎下根來，繁育出當地後代，也就會有家的感覺，不再覺得自己是在「漂」。

其實不管東南西北，只要你走出家門漂泊在外時，都是相似的狀態。既然選擇了這種生活方式，就要有信心把這人生旅途進行到底，這種信念對於三十歲以前的年輕人尤為重要。

【成熟大人有話說】

　　人活著，是一種幸福，也是一種責任。漂泊者的生活也許有些許坎坷，但卻是勇敢者的一種人生選擇。

3. 累了就歇歇

假期，是一個很容易讓人感到興奮的詞。在生存競爭日趨激烈的今天，每個人都為生活和工作而忙碌著。多數人對假期計劃得很多，但實現得很少。

那句「有時間的時候沒有錢，有錢的時候沒時間」正是很多人的寫照。於是，日子便在機械地忙碌中度過。因為平時太累放假睡到頹靡，這是很多職場人士的真實寫照。

金莎莎是個工程設計師，在他們這個行當中女設計師尤其辛苦。在完成了連續幾個的工程計畫之後，頂著壓力連續奮戰幾個月的她，自然減肥了，但是皮膚卻毀了。所以，好不容易熬到休假，她已經沒有任何出遊的想法，只想把精力補足再說，頭腦中只有一個字：睡。

金莎莎說，一到假期就恨不得把所有的加班夜都補回來，一口氣睡到昏昏沉沉。但事實上這樣過度的補覺並不是良策。一個禮拜的假期結束後，再回到工作上，她還是會覺得頭昏腦脹，反應遲鈍，精神狀態比放假之前強不到哪裡去。

事實證明，睡覺過分了不僅會導致嗜睡症，破壞生理時鐘，而且如果因為壓力嗜睡，這種逃避心理對假期結束後的心理會產生嚴重的影響。很多憂鬱症患者就是在逃避壓力的時候選擇睡覺，但當面臨新的問題時，之前逃避的壓力就會在微小的刺激下爆發。

沒時間聚會就接連續攤，這也是工作太忙碌沒空見朋友的人常有的假期安排。假期一到，朋友相聚都堆到了一起，聚會多了也會成病。夜夜笙歌，與酒精為伍之後，身體勢必會吃不消，整個人活像電影裡的阿凡達。

此外，稀里糊塗過假期，是沒有多少愛好，生活圈子狹小的人的休閒方式。這個類型的人往往想得很好，在放假之前也許還會做出一份有

模有樣的計畫書,但實現得卻很少。當朋友一來電話或者家裡來了朋友,計畫書就變成了廢紙。

自己的假期就這樣稀里糊塗地跟著別人過了,自己忙來忙去一點心理滿足感都沒有。訂個計畫成了自我麻醉。這樣的做法會導致日後的挫敗心理。所以,心理專家建議制定計畫沒有必要面面俱到,在假期定計畫要勞逸結合,有動有靜,適時調整。而且計畫的內容一定要適合自身條件。只有在理論上可行的東西,具體操作起來才更有實現的可能性。

假期是一個自主管理自己的時段,也是和家人交流的時光。平日裡冷落的長輩,假期中好好陪陪。利用假期和父母一起充分體驗生活,嘗試改變,明確假期的目的,才能有所收穫。

假期的實質不在於長短而在於你的心情是否放鬆了。假期怎麼過就是你人生態度的集中展現。即使你現在沒有假期,在某項工作結束後,你也可以透過一本書,或者一部輕鬆的電視連續劇、一次週末的自助遊為自己的心情放個假。

【成熟大人有話說】

人生旅途上,誰都不是「永動機」,總有想坐下歇歇的時候。這是必要的時光而絕非浪費時間。

4. 想一想,當你老了怎麼辦

公司的失敗往往是由於沒計畫或計畫不明確。一個企業如此,一個人的人生也是如此。規劃我們的人生是很重要的,對於職場菁英來說,規劃的就是現在和未來的人生。現在的人二十二歲大學畢業就投入工

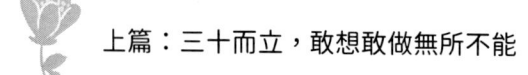

作，六十五歲退休，假設活到八十五歲，那樣工作四十三年，卻有二十年的退休養老生涯等待著他們去面對。如果只規劃事業，那麼事實上只規劃了人生的四十三年而已，剩下的二十年則成為了未知數。因此，在人生的規劃當中，養老是其中最重要的一個課題，因為無論賺錢多少、事業成功與否，都無法迴避養老的問題。

養老的規劃應該從什麼時候開始？很多人認為養老是退休以後的事情，應該在退休以後才規劃。但這種觀點是大錯特錯。

「退休」對於繁忙的都市上班族來說，有著無限的遐想和嚮往。或環遊世界、坐擁山水之間，或承歡膝下、樂享晚年，或品茶會友、聊天敘舊……但這種「無限美好盡在夕陽」離不開龐大的資金支持。在渴望退休和保持生活品質之間，你真的做好準備了嗎？當大家都在埋頭拚命累積財富的時候，你有沒有想過：三十年後，拿什麼養老？

專家認為，人過五十再想如何規劃養老理財，已經有點晚了。正確的做法是：年輕人參加工作伊始，就應該為退休之後的生活做個理財規劃，未雨綢繆。在生活中，很多人因沒為自己的退休生活做理財規劃，使得年紀越大，生活品質越差。

目前個人都會繳納勞工養老保險，但這部分養老金通常來說只能滿足基本生活需求。由於勞保低保障、廣覆蓋的特點，通常依靠勞保退休金養老只能糊口，而不能真正享受到高品質的老年生活。有人形象地把社會養老保險比作一口熬粥的鍋，每個月每人從自己的米袋裡或多或少往鍋裡倒進一把米；到老了的時候，分到一把或大或小的勺，從鍋裡盛粥。如何讓退休生活安全無憂？是靠保險金養老，還是養兒防老，這些都只是傳統的養老工具，其實商業保險也是一種養老方式。

第三章　勇於探索，外面的世界等你發現

不少人在經濟條件良好的青壯年時期，對於養老的考慮是購置一間或幾間住宅、商鋪或辦公室，等到年老退休的時候，既可以出售房屋獲取房價成長的利潤來養老，也可以利用租金報酬來補充自己的養老組合，但這種以房養老的方式是需要寬裕的資金支援的，屬於富裕族群的選擇。同時，較其他投資方式來看，房產的變現能力也稍弱。

韶華易逝，二三十年彈指即過，但大多數人對養老錢的規劃卻有些漫不經心。調查顯示，40% 的人是到四五十歲以後才開始考慮養老規劃，25% 的人是到五六十歲以後才開始養老規劃。僅有 9% 的受訪者認為自己對退休生活做了充分準備，這低於 13% 的全球平均水準；近 32% 受訪者表示，他們對退休生活沒有做出相應規劃；其餘 59% 的人雖然認為或多或少有些計畫，但當被問及退休後的財務狀況時，他們中 90% 以上的人表示沒有清晰概念。這個數位也傳遞了一個訊息：生活中只有為數不多的人，意識到了趁早做理財規劃的重要性。專家建議，應從兩方面為退休後的生活做準備，一是儘早，二是主要靠自己。

人生在世，不僅養老規劃要做得越早越好，而且在規劃中還要做到快樂退休。要想快樂退休，至少要有「五老」來支撐。

- 第一老：老伴。「牽著你的手一起慢慢變老」，將是夫妻退休以後很幸福的事情，否則在子女各自長大離家後一定會很孤獨。夫妻之間應該在四十歲以後彼此關心，各自的身體一定要定期作檢查。
- 第二老：老房。若你在退休時還沒有一間屬於自己的房子，老兩口在外租房住可能會內心蒼涼。即使與子女住在一起，也還得看他們的臉色，自己有房子住是退休以後最起碼的尊嚴，到時還可以把市區的房子高價出租，到郊區租低價房賺差價。

- 第三老：老體。如果在老了以後沒有好的身體，做再好的養老規劃也沒有用。「老體」健不健康不是退休以後才決定，而是要在青壯年的時候加強鍛鍊身體。
- 第四老：老友。最好要有幾名相知很深的老朋友，比如有 30～40 年交情的人，可以在公園泡一杯茶坐一下午，也可以翻來覆去地從兒時的事講到現在；還要有幾位談得來的老年朋友，以防總是生活在一個懷舊的環境中。
- 第五老：老本。有了自己的「老本」，就不用向子女伸手，「人老了以後有錢才有尊嚴」。

【成熟大人有話說】

　　養老規劃要趁早。由於未來養老不可避免，所以我們應該具備一定的緊迫感，對未來有個更好的規劃。越早規劃越主動，越早動手越踏實。

第四章
三十而立,事業高於一切

三十歲,如果你還沒有足夠能力,就會在激烈的社會競爭中慘遭淘汰;三十歲,如果你還不知道自己的人生目標,就會漸漸地在人生旅途中迷失方向;三十歲,如果你還不抓緊時間為事業奠定基礎,今後的路必定越走越艱難!

1. 選對職業入對行

俗話說:「女怕嫁錯郎,男怕入錯行。」在職場上,有時候工作就像在等公車,不想搭的那路車頻頻停留在你的面前,而真正想搭的,卻怎麼也等不到。如果你一時不慎搭錯了車,那便南轅北轍無法到達目的地。每個人在面臨眾多職業的時候,難免會花了眼、亂了心,作出錯誤的選擇——像搭錯了車一樣,入錯了行,結果陷入進退兩難的境地。

上篇：三十而立，敢想敢做無所不能

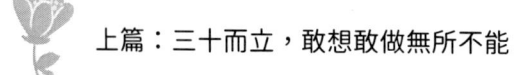

在遊戲市場上，有家公司成長很快，團隊的領導者叫黃加陽。這個三十多歲的男孩絕對是聰明至極。但是，在之前，他卻花了六年時間在不對的地方奮鬥，結果一無所獲。就如他自己所言：選錯了行業方向，導致自己浪費了六年的光陰。

還好黃加陽及時抽了身，沒有繼續錯下去。但是他為此還是付出了六年時間的代價，人生之中又能有幾個六年呢？

和黃加陽相比，羅雨菲就沒有那麼幸運了。

羅雨菲從上班那天開始，工作一直不盡如人意。她本來是學服裝設計的，當初找工作時她覺得在貿易公司做市場待遇高，於是選擇去了貿易公司。一段時間以後，由於業績遲遲得不到提升，她感到身心疲憊，對工作產生了厭倦。心氣很高的她感到還是自己做更好，於是聯絡了幾個同學一起做服裝生意。本以為自己服裝設計科班出身，做服裝生意有優勢，可是服裝銷售和服裝設計畢竟不是一回事，不到半年，生意虧本不說，同學間也因為利益鬧得不歡而散。無奈，羅雨菲只好再去求職，賺了錢還要還債。由於對自己環境的不滿意，她又換過幾個行業，結果每次都是從零開始，幾年下來，她感到幾乎找不到自己前進的方向了。突然又想從事自己當初最感興趣、最擅長的服裝設計，可惜現在的她專業知識已經忘得差不多了，再想做已經很難。

儘管羅雨菲自覺經歷很豐富，跨了幾個行業，可是每個行業她都沒有做成功。現實的殘酷使羅雨菲陷入了進退兩難的尷尬境地，這是她當初無論如何都沒有想到的。當初欠下的債務尚未還清，如今還需要面對生活上的危機和渺茫的前途，各方面的壓力讓她感到已經無路可走。

可見，入錯行之後得到的只能是徒勞和失敗。像羅雨菲這樣因搭錯職業這趟車而備感無奈和迷惘的人並不在少數。有很多剛剛畢業的年輕人整天無精打采，毫無工作與生活的樂趣，他們怨嘆工作的艱辛和人生

第四章 三十而立，事業高於一切

的無聊。為什麼他們會這樣悲觀呢？主要是因為他們正做著自己不感興趣的事。

我們常常看到這樣的情況：有些人有不錯的學識，但是因為所從事的職業與他們的才能不相配，結果久而久之竟使原有的工作能力也失掉了。由此可見，與自己不相配的職業最容易打擊人的精神，使人無法發揮自身的才能。

任何職業只要與你的志趣相投，你就絕不會陷於失敗的境地。年輕人一旦選擇了真正感興趣的職業，工作起來也會特別賣力，總能精力充沛、神氣煥發，能愉快地勝任，而絕不會無精打采、垂頭喪氣。同時，一份合適的職業能發揮你各方面的才能，並使你迅速地進步。

小薇是一家公司的總裁秘書，她大學學的也是商務接待相關的，她自己也很喜歡這份工作，她在這家公司已經效力了整整四年。四年裡，總裁換了五任，而小薇卻始終是歷任總裁信任的祕書，這在任何公司都是不多見的。小薇並非相貌出眾、個性張揚的人，但作風嚴謹、工作很少夾雜個人好惡，再加上積極能幹，熟悉公司業務，能給予總裁極大的工作幫助，因而成為每位總裁的得力助手。

許多人認為這個整天默默工作的小女子肯定有別人不知道的職場「祕笈」，小薇卻淡淡地說：「在其位，謀其事，我只是選對了我所喜歡的行業，並盡力做好本職的工作罷了，沒有任何祕笈可言。」那一年，小薇以一名資深優秀員工的身份就任該公司人力資源部經理，走進了公司決策層。

有人對一百位退休老人進行的問卷調查中，有一道題是這樣問的：「回顧你的一生，你最大的遺憾是什麼？」老人們的答案大大出乎我們的預料：竟然有九成的老人覺得一生中最大的遺憾是選錯了職業！這些風

上篇：三十而立，敢想敢做無所不能

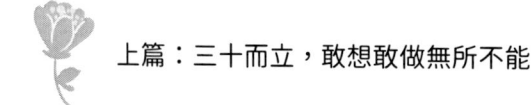

燭殘年的老人，在回顧自己的人生時，沒有抱怨自己賺錢太少，也沒有抱怨婚姻和家庭的不幸，但對自己的職業選擇卻始終耿耿於懷。這是一張令人驚訝的人生答案。

據統計，在選錯職業的人當中，有八成以上的人在事業上是失敗者。許多人之所以勤奮工作仍不能成功，就是因為選錯了職業，走的是一條南轅北轍的路，他們越是在這條路上努力，成功離他們也就越遙遠。再怎樣勤勤懇懇、百折不撓，危機卻像揮之不去的夢魘一樣，依然伴隨其左右，他們的腳步總是徘徊在危機的邊緣，稍有不慎便會被捲入危機的旋渦中。

因此，所謂的好工作，並不是高薪資、好環境、流行產業，而是真正適合你的興趣與能力的行業。因為那些好的條件都只是暫時的，只有真正適合自己的工作，你才會感到快樂和有很大的發展。

【成熟大人有話說】

入錯行和搭錯車一樣，會造成職場上不可想像的危機。所以我們在從事某一行業之前一定要仔細思考，自己選擇的這個行業是否適合自己。

2. 做自己感興趣的，努力過不後悔

愛因斯坦說過：「熱愛是最好的老師。」心理學家所提供的事實和資料也顯示：有成就的人所選擇的都是他們衷心熱愛的職業。他們首先追求的是使自己滿意，而不是著眼於外部的東西，如升官、加薪、掌權之類，結果這些人理所當然也獲得了更多物質和精神上的財富。因為熱愛

第四章　三十而立，事業高於一切

自己所做的一切，工作越做越好，報酬也就相應地越來越高。這種對自己職業的熱愛，就等於減少了來自社會環境的一大障礙。

老師熱愛教書，畫家熱愛畫畫，這就是「投入」的魔力。當然，投入也不是萬能的。如果是一個在音樂方面毫無天賦的人，無論他怎麼投入，怎麼努力，始終都不能成為一名音樂家。反過來，一個人已經具備一定的天賦，朝著自己既定的方向努力，傾注非凡的投入，那他就一定會是一位成大事者，獲得物質上和精神上的雙豐收。

如果你真正地投入到一個領域當中，倘若那不是你想要得到的，那麼你也不能從中發現真正的樂趣。一旦決定開始自己的事業，就必須花一定的時間全心全意地投入，這樣也不至於留下什麼遺憾。最重要的是一定要決定你要走什麼樣的道路。你可以成為一名科學家，可以去做醫生，但是一定要選擇你想走的路。沒有必要去強迫一個人去做他不感興趣的工作。

莎士比亞曾說：「對自己要真實。如此，你就可以永遠呈現出最美的面孔。」這就是說，你只有做自己感興趣的工作，才能夠有所進步，並達到事業的巔峰。我們從一些成功人士的身上細細觀察，就會發現他們的事業和自己的興趣總是緊緊連繫在一起。正是因為這一點，他們總能對工作懷著無限的熱情和喜愛，並全力以赴地為之奮鬥和付出。朗費羅說：「成功的奧祕沒有別的，只不過是從事自己所愛的工作罷了。不論做什麼，都要從自己的興趣入手，才會讓自己做得出類拔萃。」

做選擇的確很難，唯一的衡量標準就是，一旦做起來感覺興味盎然，那就對了！不要遲疑，趕緊去找一份讓你充滿幹勁的事來做，如果你願意為了這件事每天迫不及待地全力投入，那麼，你離美夢成真就不遠了！

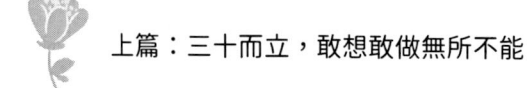

【成熟大人有話說】

　　不論做什麼，都先從自己的興趣下手，這樣更容易讓自己變得出類拔萃。只有做自己感興趣的工作，才能進步得更快，並達到事業的巔峰。

3. 為自己工作

　　過一天屬於自己的貧窮生活也比受人擺布的富貴生活更值得回味。往往是一些「非分之想」又勇於冒險的人，因為勇於嘗試，因為不怕失敗，會在事業上取得別人望塵莫及的成功。

　　「當一個人做自己最願意做的事時，他成功的機率便非常大。」

　　「一個人的生活就像在大海裡航船，如果你連自己的目標在哪裡都不知道，那麼，任何方向對你來說都是不順的。」

　　當然，做個安分守己的人，一輩子幫別人賺錢，月底領薪水，閒暇時間遊山玩水，似乎也是一種不錯的可以接受的生活方式。當一輩子上班族也無可厚非，畢竟沒有一心想做老闆的堅定決心，自己在公司所受的艱難困苦恐怕是承受不起的。

【成熟大人有話說】

　　大膽走出你原先久待的辦公室，開拓完全屬於你的事業。哪怕很艱難，哪怕忙得天旋地轉，到最終你都會覺得這一切是值得的。

4. 貧窮也要站在富人群裡

貧窮也要站在富翁的行列，這句猶太人的金科玉律，讓猶太人成為可以影響世界經濟的人。

財富是男人強而有力的補藥，男人一旦擁有了大量的金錢，就會像吃了一劑強而有力的補藥一樣，馬上就容光煥發，精神抖擻，恢復到春風得意的自信狀態，生活在無拘無束之中。

就像我們常說的：「金錢不是萬能的，但生活中沒有錢卻是萬萬不能的。擁有金錢的男人不一定有幸福，但是沒有金錢的男人一定不會有幸福。」試想，如果一個人連最低的生活需求都無法滿足，還何來幸福之說呢？

有一對年輕的戀人，男孩在一家網咖做工程師，女孩做收銀員。兩個人都很單純，雖然每月薪資不高但也勉強夠花，日子過得不能算寬裕，但每天都很開心。所以，三年來都沒有吵過架。

隨著男孩的技術越來越成熟，他便辭去了網咖的工作，去了一家電腦公司上班，薪資也高了些，日子也過得好了點。之後，他也讓女友辭去了網咖收銀員的工作，去了一家房屋仲介公司上班，每個星期還有週休二日。後來，他們租的房子裡也有了各式各樣的AI家電，上班也有了車子。

按理說，他們的日子應該比以前幸福。可是，就在這個時候，不知哪裡出了問題，幾乎每個星期兩人都要吵架，有時候還很厲害。最後想想，男孩覺得無非都是因為錢。因為女友總是把他和自己公司的人來做對比，要不就是和她公司裡別的女孩子平時是怎麼樣的來對比。

剛開始，男孩一直都忍著，覺得自己確實太對不起女友，沒讓女友過上好日子。可是，後來的一件事終於把他推到了崩潰的邊緣。

上篇：三十而立，敢想敢做無所不能

有一次，女友和公司經理出去辦事，男孩便騎機車來公司接女友回家。就在男孩剛要走到公司門口時，女友坐著經理的車子也停在了公司樓下。男孩伸手正要與女友打招呼，可就在他要張口的那一瞬間，男孩看到女友和經理接了一個吻，擺擺手下了車。他們顯得那麼親密，甚至連自己的男朋友就站在不遠處她都沒有察覺。

從此，男孩的心徹底地碎了，感覺到沒錢是多麼的悲哀，愛情在金錢面前是多麼的蒼白無助。於是，他拚命地工作，拚命地賺錢，想找回屬於自己的真正的幸福，但他的心卻永遠是痛苦的。

通常人們認為，財富就是尊嚴、就是能力，富人就是成功的象徵。愛情在金錢面前就如同女人的臉，時間久了總是會褪色。當愛的熱情消退之後，能夠保障一個女人婚姻幸福的東西，往往是各式各樣的「硬體」！

對於男人來說，你可以不會打籃球、不會踢足球、不會作詩、不會彈鋼琴、不會做飯，什麼都可以不會，但是必須會賺錢！因為在這個世界上，沒有什麼比錢包鼓鼓的更讓人放心和自信了！很多女人都喜歡被男人保護的感覺，如果你沒有錢自然也就沒有了安全感，爭吵也就會成為生活中的常事，分手也會是必然。

一個男人，一個有能力的男人，應該學會賺錢，想辦法去努力、去打拚，讓自己擁有巨額財富。只有這樣，你才能夠在社會上立足，才能夠得到別人的認可和尊重。

三十歲，對男人來說，正是人生中最為關鍵的時期。因為你正處在夾縫中求生存的那一階段，父母、女友都需要你的關愛和照顧，或者可能你已經有了一個自己的孩子。如果你現在正滿足於那兩三萬元的薪水，只願意結交比自己差的朋友。那麼，你將來的日子也會越過越艱難，自己越來越被人瞧不起。正如前面說的那句話：「你想成為什麼樣的

人，就和什麼樣的人在一起。」作為一個男人，無論你現在有多窮都應該學會站到富人群裡，汲取他們的致富思想，學習他們的賺錢本領。和那些優秀的人接觸，你就會受到良好的影響，耳濡目染，潛移默化，成為一名優秀的人。而如果你一直處於窮人的階層，心態是窮人的心態，思維也是窮人的思維，那麼你做出來的事也必定是窮人做的事。

【成熟大人有話說】

貧窮也要站在富人群裡，這絕不是背叛，而是自我改造，徹底地對自己的人生、自己的思想的改造過程。

5. 走出「三十而立」的陰影

《論語・為政》中孔子對於自己在三十歲時所達到的人生狀態的自我評價是：「吾十有五，而志於學。三十而立，四十而不惑，五十而知天命，六十而耳順，七十而從心所欲，不踰矩。」雖然不是人人都能做孔聖人，但後人往往把孔子的這些自我評語作為人生不同階段所應達到的理想生活狀態。

對於「三十而立」，雖然後人給出的解釋有很多，但比較受大眾認同的說法是「三十歲人應該能依靠自己的本領獨立承擔自己應承受的責任，並已經確定自己的人生目標與發展方向」。簡單一句話，三十歲時，人應該能坦然地面對一切困難了。意味著男人的事業要步入正軌了，家庭要如火如荼，嬌妻愛子一個都不能少，自己則要每天泡在客戶、合作夥伴之中，把這一切可用的「資源」緊緊地抓在手裡，於是男人都患上了「出人頭地症」，目標是成為「王老五」。

上篇：三十而立，敢想敢做無所不能

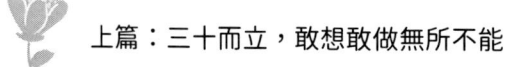

如果一個男人在三十歲前建功立業，人們就稱他為「年輕有為」；如果到了四十歲還無自己的事業，人們便稱其為庸庸碌碌；如果五十歲終於闖出點名堂，人們便會讚之為「大器晚成」。可見事業成功與否是人們衡量一個男人成功的重要代表。那麼是不是只要是男人就應該「三十而立」呢？其實不然，因為每個人對生活的追求有所不同，當然所獲得的成就也會有所不同，我們不能片面地把「三十而立」作為衡量一個男人成功的重要代表。

而我們在追逐「三十而立」的時候，也應該從實際出發，不應一味地以古人為表率。要知道孔子生活的時代，人類還沒有累積太多的知識，用二十幾年的時間確實能夠學到不少了。而在知識爆炸的今天，對人才的要求亦遠非西元前的社會可比，真正的「立」便更難了。

我們大學一畢業都已經二十幾歲了，如果再繼續考取研究所或更高等的學位，那麼一般在三十歲左右方可完成學業，事業在三十五歲以後才會明顯見成效。如此說來，「三十而立」對當代人而言是一種苛責。值得注意的是，兩千多年前，人類的平均壽命不到四十歲，也就是說，如果三十歲還沒做成什麼事情的話，這輩子就做不出什麼成就了。而當今人的平均壽命已經接近八十歲，人生七十不稀奇，重視體驗生命過程的人，不必太著急了。

同時，隨著女性在職場上的地位不斷地提高，男人三十而立也失去了其必定性，對男人成功的要求，是蔑視女人的男權社會的產物，社會把女人當作不能自食其力的人，才格外注重男人的成功。只有成功的男人才能養家糊口，正如原始社會，只有在狩獵上成功的男人才能餵飽家裡的老婆一樣。

所謂「立」，如果說的是三十歲時有自己穩定的工作，充足的收入，

良好的精神狀態,則無可厚非。而且絕大多數的男人和女人都能夠做到這一點。但問題是,當我們談論「三十而立」的時候,總是對「立」有著過高的期望值:經濟富裕甚至富有,名聲顯赫至少是小有名氣,經商則產業殷實,治學則著作刊行,從政則至少要混個科室主管、局長當當。對「立」的攀比,早已脫離孔聖人的本意,而使人的思想更迅捷地接近病態。

我們應走出孔聖人「三十而立」的陰影,調整心態,不論事業或感情,都不能太「物質」。如果你在事業上遭遇了挫折,那就應該在不斷經歷挫折的過程中,為自己未來的事業做個明確定位和規劃。如果你的感情遭遇了困局,那也應該在事業方面繼續穩步前進,對感情則持觀望態度,堅持寧缺勿濫的原則,切不可因為頂不住壓力或心浮氣躁,就隨便找個人結婚了事,這樣容易造成人生的不幸。

總之,「三十而立」作為一種進取精神來弘揚,無可厚非,但如果成了男人的枷鎖,那就有些本末倒置了。其實對於現代人而言,「人生三十機會依然多多」,關鍵在於你是否能真正認識到這一點,是否能擺正心態,在追求成功的時候也懂得享受生活,不能因不斷地奔向建功立業的目標,就隨手拋下生命在不同階段為我們準備的種種快樂與美麗。

【成熟大人有話說】

兩千多年前,人類的平均壽命不到四十歲,如果三十歲時還沒有出息,那這輩子就難有作為了。而今天,人們的平均壽命已經接近八十歲,三十歲就像剛升起的太陽,所以在現在的語境中,「立」不一定就是三十歲。

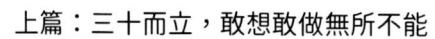

6. 珍惜時光，不為自己留下遺憾

著名的物理學家愛因斯坦認為，人與人之間的最大區別就在於怎樣利用時間。我們出生時，世界送給我們最好的禮物就是時間。不論對窮人還是富人，這份禮物是如此公平。一天二十四小時，我們每一個人都用它來投資經營自己的生命。有些人很會經營，可以把一分鐘變成兩分鐘，一小時變成兩小時，二十四小時變成四十八小時……他用上天賜予的時間做了很多的事，最終換來了成功。其實，這世界上的偉人、元首、科學家、發明家、文學家等，最成功之處就是運用時間的成功，他們都是運用時間的高手。

在相同的時間裡，有些人能夠做很多事情，效率很高，而另一些人卻只能做極少的事情，沒有效率。就好像時間對有些人長，對另一些人短。其實時間的長短是由人怎樣利用決定的，在同樣的時間裡，有些人做的事多，有些人做的事少，這樣時間就有了長短的區別。

但是，無論是總統、企業家，或是工人、乞丐，每個人的一天都只有二十四小時，這是上蒼對人類最公平的地方。雖然如此，但就有人有本事把一天的二十四小時變成四十八小時來用。這不是神話，而是事實。

現代人追求時間，就是追求效益，追求在有效的時間內做更多的事情，從而使自己的人生豐富多彩，能夠充分實現人生價值。有這樣一位成功人士，他每天早上五點起床，先做早操，然後吃早點、看報紙，接著開車去上班，車上聽的不是路況報導，而是語言學習，有時也聽演講錄音。由於早出門，因此不會塞車，到達辦公室差不多七點半，他又用七點半到九點這段時間閱讀焦點新聞，並且做了剪報，然後準備一天上班所要的資料。中午他在飯後小睡三十分鐘，下午繼續工作，到了下

班,他會利用一個多小時看書,在七點左右回家,因為不塞車,半小時可回到家吃晚飯。在車上,他仍然語言學習或演講錄音。吃過飯後,看一下晚間新聞,和太太小孩聊一聊,便溜進書房看書、做筆記,一直到十一點上床睡覺。

他和別人不一樣,因為他的一天有四十八小時,也就是說他一天做的事情是別人兩天才能做完的事情。很顯然,他的成就超過了他的同齡人。其實他也沒什麼法寶,他只是不讓時間白白地流逝罷了。而要讓時間流逝是很容易的,發個呆,看個電視,打個電動玩具,一個晚上很容易就打發了。如果天天如此,一年、兩年很容易就過去了,你的成就和別人一比,就明顯有了差距。

學校上課都有課表,其實這就是最基本的時間規劃,你也可參考這種方式,把自己一天當中什麼時間要做什麼事列成一張表,並且每天按表作息。

一開始你會很不習慣,又因為沒有人監督,所以你很有可能會「偷懶」,如果你偷懶,那麼你就失敗了,所以你必須堅持,再透不過氣也不可鬆懈。過一段時間後,應付成為習慣,然後你的時間會「繁殖」,一天變成三十六小時、四十八小時,甚至更多,也就是說,你的時間效益提高了。

如果你想創造成功人生,事業上有所作為,你就必須年輕時訓練自己利用時間、追求時間的效用,把二十四小時變成四十八小時。時間的延長,也意味著生命的延長。別人活一百歲,你就能活兩百歲,你比別人多活了一輩子。別人兩輩子才能做你一輩子的事情。

世界上有許多人不懂得珍惜時間,不懂得珍惜現在所擁有的一分一秒。事實上,時間是一分一秒累積的。魯迅先生說:「我是把別人喝咖啡

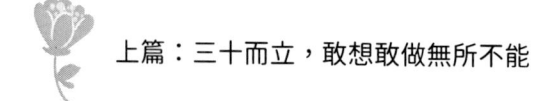

的時間都用在工作上。」可見他對零星時間的珍惜。一個人若要在學識上有所造詣，在事業上有所成就，沒有這種惜時如金的精神，沒有時不我待的緊迫感，是決然不成的。記住，真正成功的人的時間從來都是用秒來計算的。

放棄了一秒的時間，你就會不知不覺放棄一分鐘的時間；放棄了一分鐘的時間，你就會覺得放棄一小時的時間並不是多麼不可原諒的事情。於是，在一點一滴的放棄中，你便放棄了許多生命中的精采片段。

【成熟大人有話說】

把一天變成四十八小時，讓你的每一分鐘每一秒鐘都發揮出最大的效益，其實這並不難，把你的時間做個規劃並且認真地去實踐就行了。

7. 適度工作：勞作休閒兩不誤

在不同的年齡階段，對工作的看法是不同的。剛走出校門的人也許會把工作當成一種挑戰，而人到中年時，工作已經成為生活的習慣。

如果你對工作是被動而非主動的，沒有明確的任務指向就會無所事事；如果你對工作毫無熱忱和愛好之心，無法使工作成為一種享受，而覺得是一種受罪，那你不可能成為事業有成的人。

看看下面的故事就不難體會這一點：

有一個專門為人拉貨的人，家裡有兩匹馬。這天，他把貨物裝在兩輛馬車上，讓兩匹馬各拉一輛車。

在路上，一匹馬漸漸落在了後面，並且走走停停。主人便把後面一

第四章 三十而立，事業高於一切

輛車上的貨物全放到前面的車上去。當後面那匹馬看到自己車上的東西都搬完了，便開始輕快地前進，並且對前面那匹馬說：「你辛苦吧，流汗吧，你越是努力做，主人越要折磨你，使那麼大力氣有什麼用？」

到達目的地後，有人對拉貨人說：「既然一匹馬就可以搞定的事，幹嗎還要養兩匹來浪費糧食呢？另一個不如宰了，還能取張皮變賣。」拉貨人聽了覺得也有道理，就照著做了。臨死前，幸災樂禍的那匹馬後悔地對勤勞的馬說：「還是本分一點好。」

又過了一週，因為拉貨人太貪心了，馬要拉的貨物越來越多，一天跑的里程也越來越遠。最終，勤勞的馬被累死了。

這個故事告訴我們，有責任感地工作是應該的，但是也要講求適當的度。如果你對工作存在著抱怨，把工作看成是苦役，那麼，你對工作的熱情、忠誠和創造力就無法相當程度被激發出來，很難說你的工作是卓有成效的。倘若只是被動接受高壓工作，也會有得不償失的結果。兩者均不可取。

任何時候，都應該對工作有正確的認知。如果說年輕人的工作是為了將來美好的生活，那麼中年人的工作就是為了發揮自己的最大價值，讓人生更有意義。那些討厭工作，把工作當成束縛的人無疑會經受一番自我折磨。

退一步講，即使你在選擇工作時出現了偏差，做了之後才發現這不是自己喜歡的工作。只要自己沒有離開這個工作職位就有責任認真地對待工作，要知道，認真工作就等於認真生活。凡是應當做而又必須做的工作，總不可能是完全無意義的。適當接受一些自己不喜歡的事物也是對自身心態的一種磨練，是心智成熟的代表。

對工作的正確認知還包括要懂得一張一弛的道理。不能一味為了賺更多錢而玩命工作，如果沒有等量的娛樂消遣，辛苦努力也將失去意義。

不管自身的資歷如何，從事何種工作，都不要忘記一分付出一分收穫的道理，如果你對工作沒有正確的認識，過於輕視工作或者不懂得勞逸結合的道理，那麼損失的不只有薪酬而已，還有自己的健康身心，更不會從工作中得到應有的樂趣。

【成熟大人有話說】

如果你以為自己的工作是乏味的，是一種苦役，你就不再會為自己工作，甚至會產生牴觸的心理，這終究會導致你的失敗。

第五章
三十歲前專業致勝，三十歲後人脈致富

　　人際關係是一張無形的網，這張網蘊含著巨大的能量。經商，人脈是錢；從政，人脈是權；辦事，人脈是成功；休閒，人脈是歡顏。人脈不是點頭哈腰，人脈不是全天候的笑臉。想成功，不僅要具備超越常人的才華，更重要的是應該具備靈活、通達的處世技巧。

1. 找對靠山跟對人

　　在追求人生成功的道路上，我們與其打著燈籠在黑夜裡苦苦尋求，倒不如踩著成功者的足跡往前走。那些開路的先驅就是我們人生旅途上的貴人。那些能夠提攜、幫助我們辦成人生大事的人就是我們的貴人。

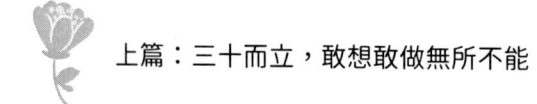

在攀向事業高峰的過程中，尋找貴人相助往往是不可缺少的「手腕」。貴人所給予我們的一次扶助、一次機會、一句話甚至一個眼神，通常都不是我們用聰明、努力或者金錢可以替代的。沒有貴人的幫助，我們將難有作為。因此，尋找貴人，依靠貴人，是我們辦成大事必須依靠的一種「手腕」。

一個人要謀取成功，就要講求策略走捷徑。依附於人要找對靠山，要選擇有發展前途並能使自己得到提拔和重用的品行端正的人去竭誠盡忠。

俗話說：「背靠大樹好乘涼。」一個人要成就一番大事，光靠自己的力量是不夠的，這就要講究找靠山走捷徑的策略。

【成熟大人有話說】

找靠山要擇善而從，擇優而隨，擇德而附。找對靠山，人生吉祥如意，事業青雲直上。

2. 如何讓成功人士把你當成鐵哥們

單槍匹馬闖天下的時代早已過去了，一個人要想在競爭如此激烈的社會中賺到錢甚至賺大錢，身邊必不可少的就是一些有本事的朋友。可是，面對這些能呼風喚雨的有本事的人，身為「小字輩」的我們，又該如何讓他們喜歡自己，並願意把自己當成鐵哥們呢？我們知道，與人交往要從了解他開始，與那些功成名就的人交往也不例外，就像古人說的，知己知彼，方能百戰不殆。

首先，必須掌握成功人士的社會關係。要與成功人士交往，最基礎

的工作就是要掌握他們的社會關係。成功人士也是人，不是神，他們有各種社會關係，有各式各樣的業務，也有各式各樣的喜好、性格特徵。成功人士一般都是現代媒體關注的焦點，所以你可以透過媒體關注一些有本事之人的情況。

其次，製造初次見面的氛圍。當你發現了或者創造了與人見面的機會後，最重要的便是如何製造一種特殊的會面氛圍。因為，在眾多的人物當中，也許你本身就是芸芸眾生中的一員，說不定連話都說不上。在共同出席的會議或聚會上，選擇位置時，一定要選擇一個與成功人士盡可能近的位置，以便他能發現你，並且一有機會便可搭上關係。同時，要以穿著表現自己的個性，因為與人第一次交往，別人往往是從服飾上得出第一印象。著裝要表現個性、特色，給人舒服的感覺。

要針對成功人士關注的事予以刺激，要盡快發現對方關心注意何事，找到適當的話題，抓住對方的注意力，刺激對方對自己的興趣，話語要力求簡潔、有獨創性，使對方產生震撼，留下較為深刻的第一印象。

享譽全球的安徒生不過是一個鄉下小孩，他之所以成功，很大一個原因就是因為他總是主動接近名利巔峰的成功人士。比如：當他在報紙上得到某位成功人士的行蹤時，他會衝過去，把自己介紹給他們，並準確地表達這樣的意思：我現在的情況很窘迫，我很希望得到您的援助。用這種方法，他敲開過當時丹麥歌劇皇后的門，敲開過哥本哈根皇家劇院主任以及皇家歌劇院院長的門。就這樣如法炮製，在被拒絕過 N 次之後，他為自己謀得了一個在皇家歌劇院伴唱的差事，並在不久後獲得了一位大學校長的全額高等教育資助。

如果你沒有機會與成功人士見面，就大膽地去敲他們的門。

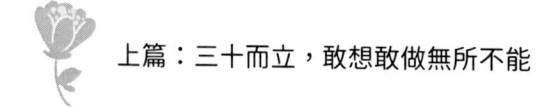

再次，適當展示自己的能力，以贏得成功人士的青睞。人一般都愛才、惜才，如果你總是對他的意見表示贊同，從來不敢表現自己獨到的見解，他會覺得你是在刻意討好他，沒有什麼真能耐。因此，要引起成功人士的注意，就要適當地表現自己的獨特才幹。當然，這裡有一個度的把握，你不能表現得太過鋒芒畢露，否則就有點喧賓奪主了。

最後，以禮來加深彼此的感情。與他們有過幾次接觸，並感覺到他對你態度不錯，那麼別出心裁送贈禮品是聯繫情感的重要方式。這要針對有本事之人的具體情況，不能千篇一律，更不能委託他人。

送禮不一定要送最貴的，而要送他喜歡的，這才能送到他心裡去。同時在贈送方式上也要別出心裁，從包裝樣式、贈送儀式都要顯得別具一格。

【成熟大人有話說】

讓成功人士把你當成鐵哥們就如爬高山，往往是一件費勁的事。你不僅得有熱心，有耐心，你還得有點心計，否則不僅無法躋身他「鐵哥們」的行列，還會在爬山的過程中，弄得滿身是傷、無功而返。

3. 朋友可以決定你的「富貴指數」

在一個主題為「創造財富」的論壇上，主持人說：「請大家寫下和你相處時間最多的五個人，也是與你關係最親密的五個朋友，記下他們每個人的月收入，從他們的收入我就知道你的收入。為什麼？因為你的收入就是這五個人月收入的平均數。」

自己的月收入怎麼會由朋友來決定呢？大家都以為是別人在胡言亂語，沒人相信這一觀點。但是，經過測驗，結果出乎所有人的意料。主持人總結說：「一個人的財富在很大程度上是由與他關係最親密的朋友決定的。」

決定一個人「富貴指數」的是他身邊的朋友。如果你是一個渴望改變命運的「窮人」，那麼，唯一能扭轉你命運的機會就是：從現在起，結交那些比你更優秀的朋友吧，因為，你的朋友，將會決定你的「富貴指數」。

小羅的老家在鄉下，他從家鄉的一所普通大學畢業後，就揣著夢想來到了臺北。四處奔波後，他終於找到了一份工作，月薪是四萬元，可是扣掉房租、吃飯、交通等必要的開支，一個月也所剩無幾。

為此，他想尋找更好的機會，他的一個窮朋友小劉，只找到普通的服務業工作，月薪只有三萬元左右，聽了他的想法後，就勸他說：「別鬧了，工作多難找啊，四萬元不少了，在鄉下老家當主管也不一定有這樣的薪資，你就知足吧。」小羅看看那些還不如自己的朋友，想自己實在應該學著知足，畢竟在大城市裡有份工作不容易。

後來，小羅的另一個富人朋友，月薪近十萬，聽了他的這個想法後，就鼓勵他說：「你有這樣的想法是好的，人就不應該安於現狀，應該想辦法去爭取更好的機會。不過，你不能盲目地換工作，要有計畫有目標，先累積經驗，平時要多充電，充實自己就是資本。」在他的鼓勵下，小羅滿懷信心地為自己定下了學習計畫，工作中也更加賣力，以爭取更好的發展機會。

半年後，由於小羅工作成績突出，他的月薪調漲了。一年後，他憑藉自己的經驗和不斷累積的知識，跳槽去了一家更大的公司，每個月薪資加獎金近八萬元。

上篇：三十而立，敢想敢做無所不能

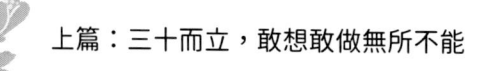

　　有句話說，你想成為什麼樣的人就和什麼樣的人在一起。所以，如果你現在仍然是一個窮人，那就要想盡一切辦法生活到富人群裡去，讓自己耳濡目染地學會富人的思維方式和處世方式，慢慢地自己才能擁有脫離貧窮這個階層的本領。

　　曾經有人認為，保羅‧艾倫是一位「一不留神成了億萬富翁」的人。其實，這是一種誤解，真正的原因是因為他年輕時就與蓋茲在一起。當初，他們將一家名為微軟的電腦軟體發展公司在波士頓註冊，總經理比爾蓋茲，副總經理保羅‧艾倫，他們一起創業之餘，也是很好的朋友。認識比爾蓋茲這樣的朋友，為他後來成為世界級的富翁奠定了堅實的基礎。

　　後來，微軟公司在他們的經營下，成為了世界上的巨擘，總經理比爾蓋茲成為了人所共知的世界首富，而副總經理保羅‧艾倫在總經理的巨大光環相比之下雖然有些暗淡，但也曾是《富比士》富豪榜上前五的大富翁。

　　這就是窮人朋友與富人朋友對一個人的影響力。有一本經典書中有一句話：和狼生活在一起，你只能學會嗥叫。和那些優秀的人接觸，你就會受到良好的影響，耳濡目染，潛移默化，成為一名優秀的人。

【成熟大人有話說】

　　你想成為什麼樣的人，就和什麼樣的人做朋友。如果你想成為一個有錢人，那麼無論如何，都要堅持與富人成為朋友。汲取他們致富的思想，比肩他們成功的狀態，才能真正實現致富的目標。

4. 有野心，還要有貴人相助

俗話說：「七分努力，三分機運。」我們一直相信「愛拼才會贏」，但偏偏有些人付出的努力和最終的收穫不成正比。究其原因，是缺少貴人相助所致。在向事業高峰攀登的過程中，貴人相助絕對是不可缺少的一個環節。有貴人相助，可以使你盡快地取得成功，甚至可以使你飛黃騰達、扶搖直上。

劉備死後，由諸葛亮執政，他十分注意物色後起之秀，並加以培養和大力提拔。他選拔人才不僅重視才幹，也極重視德行，如他在〈前出師表〉裡推薦董允等人時，特別強調他們「為人良實，志慮忠純」，並告誡後主劉禪要「親賢臣，遠小人」。

古人所謂的「賢臣」，一般是指德行高尚、有濟世之才的人。諸葛亮認為「治國之道，務在舉賢」，又說：「夫失賢而不危，得賢而不安，未之有也。為人擇官則亂，為官擇人則治，是以聘求賢士。」諸葛亮把擇賢作為其重要的職責，把德才作為其選拔人才的準則。他培養和提拔的後繼者董允和姜維等都是德才兼備之士，為世人所推崇。不論從事何種行業，「老馬帶路」向來是一種傳統，目的不外乎是想提拔後進、儲備接力人才。這些例子在各行各業無所不在。

有些知名度較高的人之所以成名，與貴人的傾力相助是分不開的。是貴人使他們得到機會，是貴人使他們快速成長。善於接受貴人的幫助，是成功人士把握歷史性機遇的關鍵性的一步，也是他們最終成功的要素，這其中的道理是容易理解的。每個人的身上，都有著走向成功的條件，而如何使這些條件發揮出來，卻由你身邊無數的貴人所控制。你接受了貴人的幫助，就好比一粒種子投入到一塊適合自己生長的土壤，充分得到土壤的滋養。從這個意義上講，你的命運操縱在貴人的手中。

上篇：三十而立，敢想敢做無所不能

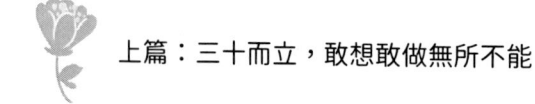

「漢三傑」之一的韓信是一名難得的將才。他之所以能夠馳騁沙場、建功立業，是因為得到了貴人蕭何的幫助。

漢相蕭何非常賞識韓信，並多次向漢王劉邦舉薦他。但劉邦看不起韓信，不想重用他。韓信由於內心受到了強烈的打擊，星夜離開劉邦，投奔別處。

蕭何得知韓信逃走，來不及報告劉邦，便親自快馬加鞭地追趕。但是有人不知詳情，向劉邦報告蕭何逃跑。

劉邦大驚失色，因為蕭何是他的得力助手。連找幾天始終不見人影，劉邦急得坐臥不寧，正要打算另派精幹人員去追尋時，有人報告：蕭丞相回來了。

蕭、劉二人見了面，劉邦問道：「你怎麼背著我逃走了呢？」

蕭何說：「不是我逃跑，而是追趕逃走的人。」

「你追哪一個？」劉邦問道。

「追韓信。」蕭何回答說。

劉邦罵道：「逃跑的將軍有數十人，你卻偏偏去追韓信，該不是拿這話騙我吧！」

蕭何說：「其他將軍極容易求得，而像韓信這樣傑出的人才，卻是獨一無二的。大王如果只想在漢中長期做王，那自然用不著韓信這種奇才。但是如果您決心奪取天下，我想除了韓信以外，就再也找不到能與您共商大事的人了，現在就請您作出最後決斷。」

劉邦嘆息道：「我怎會不想向東發展，誰願長期守在這裡。」

蕭何又說：「如果大王決定向東發展，就要重用韓信。您能重用韓信，他就會留下；否則，他最終還是會離開的。」

劉邦說：「那我就看在你的面子上，任命他為將軍。」

蕭何說：「僅讓他做將軍，是留不住他的。」

劉邦說：「那讓他做大將軍如何？」

蕭何說：「這就留得住他了！」

於是，漢王劉邦欲傳喚韓信予以任命。

蕭何勸阻道：「大王向來傲慢待人，不講禮節。現在任命一員大將軍，也如同呼喚小孩一般，這就是韓信要離開您的原因。如果大王是真心任用他，就要選一個吉日，親自齋戒，建一個拜將臺，舉行隆重的拜將大典才行。」劉邦最終應允了。

將領們得知漢王欲任命大將軍，皆大歡喜，人人都以為自己將榮升大將軍。誰知等到任命時，此人竟是韓信，全軍均感到驚訝。

經過蕭何的極力推薦，韓信才得到劉邦的重用，最終得以顯示他的才華。

韓信之所以能夠成為一代名將，和蕭何的鼎力相助是分不開的，蕭何成就了韓信的功名，成為韓信可以依靠的貴人。

有貴人相助，不僅能縮短成功的時間，還能加大你成功的籌碼。找到誠心助你成功的貵人，將是你一生最大的依靠。

【成熟大人有話說】

在成功的道路上，一個真心幫助你的貴人能夠給你的一生帶來好運，能夠為你的成功之路指點迷津。

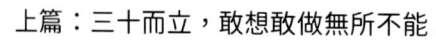

第六章
做好健康計畫，拒絕以健康換取金錢

　　無論我們從事何種職業，擔當多大的責任，都不應該去犧牲自己生命中最寶貴、最美麗的東西──健康。因為健康的身體是我們實現夢想的載體。現實中，許多人一味地為了成功去奮鬥，為了金錢去奮鬥，為了名利去奮鬥，卻忘記了自己的健康。殊不知，只有你贏得了健康，才能贏得一切。

1.「拚命三郎」也要有健康體魄

　　如果把工作當成一種樂趣，那麼人生就是天堂；如果把工作當成一種義務，那麼人生就是地獄。要為自己工作，就要學會享受工作。

第六章　做好健康計畫，拒絕以健康換取金錢

現在，「工作狂人」越來越多，而且超出了性別的局限。越來越多的人在忙碌中獲得也在忙碌中失去。但是卻很少有人衡量到底自己是獲得的多還是失去的多。努力工作可以獲得豐厚的物質收穫，但是與此同時也很容易失去健康的體魄。這到底值不值得？

熱愛工作不是錯，但是一個不懂得如何愛護自己的人又怎能做好工作呢？俗話說得好：「身體是革命的本錢。」工作不是為了討好老闆求回報，而是實現自己的社會價值。但是價值畢竟是有限的而健康卻是無價的。所以，從這個角度說，適度工作才是上上之選。

不要每天都加班到深夜。工作不僅是為了滿足生存的需要，嘗試興趣、追求理想、在失敗中超越自我等，這些都是工作的快樂。但是，工作同時也是實現個人人生價值的需要，一個人總不能無所事事地終老一生，應該試著將自己的愛好與所從事的工作結合起來，無論做什麼，都要樂在其中，而且要真心熱愛自己所做的事。

成功者樂於工作，善於平衡工作與生活的關係，並能從中獲得快樂與收穫。一個會工作的人提起工作時絕不是說：「好累啊，每天都在加班。」如果你的成功是在痛苦之中誕生的，那麼收穫的東西往往得不償失。為了事業的成功和生活的幸福，你需要營造快樂的心境，收穫真正值得驕傲的事業。

健康的身體是一切的根本，它可以幫助你擁有所有你想要擁有的東西，可是你一旦失去健康，你所辛苦努力得到的一切，便會在瞬間失去意義。擁有健康不等於擁有一切，但失去健康就會失去一切。俗話說：預防勝於治療。對自己的健康負責，就是對工作負責，對自己和家人的負責，既為自己減輕痛苦，也為社會、家人減輕負擔。

工作與健康密不可分，當你走向成功時，要把什麼東西放在首位

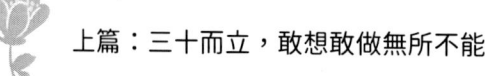

呢？要把健康放在首位。因為健康是工作的基礎；離開了健康，事業的擔當就不復存在。

石油大王洛克斐勒退休後，他確定的主要目標就是保持健康的身體，爭取長壽，贏得大家的尊敬。健康對每個人的擔當事業與家庭幸福的責任都是至關重要的，當健康離你而去時，一切也會離你而去。其實，我們每個人都嚮往著成功，但我們應時刻記住，不管發生什麼事，我們都不應忽視自己的健康，沒了健康，我們便會失去一切。

曾經有位醫生在替一位企業家進行診療時，勸他多多休息。這位病人憤怒地抗議說：「我每天承擔巨大的工作量，沒有一個人可以分擔一丁點的業務。醫生，您知道嗎？我每天都得提一個沉重的手提包回家，裡面裝的是滿滿的文件呀！」

「為什麼晚上還要批那麼多公文呢？」醫生訝異地問道。

「那些都是必須處理的急件。」病人不耐煩地回答。

「難道沒有人可以幫你嗎？幫手呢？」醫生問。

「不行呀！只有我才能正確地批示呀！而且我還必須盡快處理完，要不然公司怎麼辦呢？」

「這樣吧！現在我開一個處方給你，你能否照著做呢？」醫生有所決定地說道，片刻便寫了處方，遞給病人。

病人隨手接過處方，只見上面寫著——每天散步兩小時；每星期空出半天的時間到墓地一趟。

病人不解地問道：「為什麼要在墓地待上半天呢？」

「因為……」醫生不慌不忙地回答：「我是希望你四處走一走，瞧一瞧那些與世長辭的人的墓碑。你仔細思考一下，他們生前也與你一樣，

第六章 做好健康計畫，拒絕以健康換取金錢

認為全世界的事都得扛在雙肩，如今他們全都永眠於黃土之中，也許將來有一天你也會加入他們的行列，然而整個地球的活動還是永恆不斷地進行著，而其他世人則仍是如你一般繼續工作。我建議你站在墓碑前好好地想一想這些擺在眼前的事實。」

醫生這番苦口婆心的勸諫終於敲醒了病人的心靈，他依照醫生的指示，放慢了打拚事業的步調，並且轉移了一部分職責。他知道生命的真義不在急躁或焦慮，他的心已經得到和平，也可以說他比以前活得更好，事業也蒸蒸日上。

努力工作，不是要你去拚命，更不是讓你的成功之路通向墳墓。成功是我們的責任，為社會做貢獻是我們的責任，但健康是我們一生的追求，不要為了擔當過重的事業責任而本末倒置，到頭來再次重演「壯志未酬身先死，常使英雄淚滿襟」的遺憾人生。

【成熟大人有話說】

人們追求幸福，擔當責任都離不開健康身體的承載。只有擁有健康，你才能獲得真正的成功。

怎樣才能既增強營養，有利健康，又不會發胖，保持美麗身材呢？專家推薦以下的一日三餐膳食計畫：

◆ 人體需要的營養物質的組合

蛋白質、碳水化合物與脂肪對健康同等重要，缺一不可，關鍵在於巧妙組合，即將富含油脂的食物與豆類、蔬菜組合，盡量避免和米、麵、馬鈴薯等富含碳水化合物的食物同吃。這樣既能增加營養攝取，又有利於減肥。

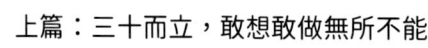

◆ 一日三餐吃多少才合適

　　合理掌握三餐的進食量是保持健美的又一關鍵。食量不可過多，也不宜過少。要盡量挑選養分相同但熱量相對較少的食物。

◆ 涼食的作用

　　熱食可增加人體熱能。吃冷食要先經過熱化才進入消化過程，因而能消耗一部分熱能。就是說，冷吃耗能，特別有利於肥男胖女度夏。

◆ 少吃多動

　　暴飲暴食會使體重快速增加，但有不少人仍然熱衷於暴飲暴食，怎麼辦呢？合理的辦法是少吃多運動，以消耗攝取的過多熱量。但為了不影響健康，每天應最少進食三餐，以保證身體營養的需求，而最根本的方法就是增加運動量。

◆ 少量多餐

　　將同樣多的食物分成 5 次以上吃，比起一日三餐，營養攝取不受損失，但體內產生的熱量要少得多。

2. 科學合理的早餐膳食

不吃早餐對人體有很多害處，那麼應當如何科學的分配營養早餐呢？早晨應吃麵包、饅頭、三明治等 1～2 種主食，吃粥同時搭配海帶絲、紅蘿蔔絲、馬鈴薯絲或其他綠色蔬菜等一些小菜，再加上牛奶、雞蛋及水果，一份相當科學、又極富營養的早餐就配製成了。

3. 養成進食的好習慣

(1) 一日三餐要規律

一日三餐要做到定時定量，合理搭配，保證營養素能跟上身體的需要。尤其是等於「補藥」的早餐，更應該吃飽吃好，許多人的胃病與長期不吃早餐有很大的關係，俗話說：「早餐要吃飽，中餐要吃好，晚餐要吃少。」餐後靜坐30分鐘到1小時後再行活動。

(2) 冷熱食品不宜多吃

過冷過熱的食物對胃都有一定的刺激性，即使夏天，也不宜多吃冷飲或多飲冰鎮啤酒等，否則會損傷胃黏膜屏障，導致胃病的發生。

(3) 忌吃刺激性食物

不過量進食刺激性強的食物，如生蔥、生蒜、鮮辣椒以及濃茶、咖啡等，它們對胃黏膜都會有損害。

(4) 忌吃醃、炸、燒、烤類食物

少吃或不吃醃製類食品（如鹹菜、腐乳、臭豆腐等）、烤炸食品（如烤雞、炸魚片、炸薯條以及烤焦或燒焦的肉類）。

(5) 慎重選擇零食

市面上零食主要有五大類：乾果類、糖果類、餅乾類、醃製類、肉乾類。

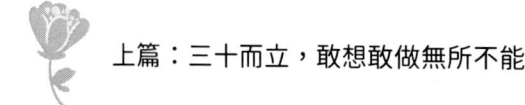

- 乾果類：這類食品含天然的豐富蛋白質、微量元素、維他命等營養物質，如瓜子、花生、紅棗、葡萄乾、開心果、杏仁、松子等，可鍛鍊兒童的咀嚼能力，對青少年牙齒發育有良好作用，但應盡量避免吃油炸加工的食品。
- 糖果類：這類食品含糖、脂肪、熱量、蛋白質、無機鹽和維他命均較高，如各種糖果、果凍、巧克力等，但兒童應限制食量，老年人、糖尿病患者不宜食用，
- 餅乾類：這類食品除熱量高，食後有微飽感和含脂肪外，無機鹽、維他命、蛋白質含量基本為零，營養價值較低，如薯片、薯條、蝦片、玉米圈等，兒童多吃會上火，但女孩月經前後適量吃膨化食品，可舒緩緊張、減輕疲勞。
- 醃製類：有話梅、楊梅等鹹酸食品，這類食品多吃會增加糖鹽攝取量，易引起食慾不振。
- 肉乾類：雖含蛋白質、飽和脂肪，但易嵌入牙縫損傷牙齒，挑選時應避免辛辣和油炸。

(6) 飲食宜多樣化

現代人即使明白要講究合理飲食，卻往往是心有餘而力不足，導致體質變弱，甚至引發諸多疾病。究其原因，是由於食物單一，葷食過多，綠色食物奇缺造成的。科學研究證明，過量食肉與心臟病、肥胖病、糖尿病、大腸癌和乳癌等一些疾病的患病機率增加有必然的連繫，由此可見，食物的多樣化，合理搭配，即葷素混食，多素少葷，糧菜合進，粗細雜食和經常變換花樣，才能營養均衡，滿足人體的需求。

第六章 做好健康計畫，拒絕以健康換取金錢

【成熟大人有話說】

每天吃什麼，有時候大家都很迷茫。如果制定好一份每天計畫吃什麼的飲食計畫，這樣就不用為每天吃什麼而煩惱了，直接按照計畫買菜，營養又簡單。

4. 制定一套完整的健身計畫

「運動是健身的法寶。」這是古往今來仁者智士、養生者、長壽者的共識。健康專家認為：「生命在於運動，運動調試健康，生命在運動調試中求得平衡。」選擇適合自己的運動項目，進行科學的體育鍛鍊，是防止早衰的關鍵。

(1) 根據年齡來選擇

專家提出：年齡不同，人的精力和體力都會不一樣，對運動的耐受力與反應也有差異。因而，要達到透過運動來健身的目的，必須選擇適合自己的運動方式，切不可盲目跟風。

二十歲左右的年輕人，精力旺盛，可以選擇大運動量的有氧運動，比如快速跑步、拳擊、各種對抗性強的球類運動等。這些強度較高的運動項目能幫助你解除精神壓力，使全身的肌肉更發達，並且能增強耐力、精力和身體的協調性，保持身體的健康。

三十歲左右的壯年人，可以進行攀登、溜冰、武術等活動，不僅可以減輕體重，還可以強壯肌肉，尤其是腿部和臀部肌肉的彈力。對培養專注、自信和思維能力有很好的作用。

四十歲左右的中年人，可以選擇爬樓梯、網球、游泳等強壯全身肌

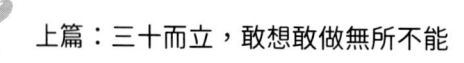

肉的運動，這個年齡段的人往往出現了肥胖症，運動應該刻不容緩。而這些運動有助於保持正常體重，延緩衰老。此外，經常性的運動，還可以增強自我控制能力，減除壓力，以保持良好的心態去面對更年期的到來。

五十歲左右的人，精神和體力都出現不同程度的衰退，這個年齡層的人比較適合划船、打高爾夫球等消耗能量不大的運動，以加強全身肌肉彈性及骨骼密度，提高自我形象的滿意度。

六十歲以上的老年人，體力出現了很大程度的下降，不再適合做運動量大的運動，可選擇散步、甩手、拍打等較為輕鬆的運動，以強壯雙腿肌肉，預防骨質增生，降低關節緊繃狀態，調整心態。

(2) 根據興趣來選擇

結合你的身體狀況選擇你最喜歡的項目，並在運動前醞釀出一種躍躍欲試的情緒。研究資料顯示，對某種運動的興趣越濃，其健身效果就越好。

(3) 根據身體狀況選擇

在進行體育運動時必須考慮自己的身體情況，如果你患有某種疾病，在選擇運動項目上必須慎重，高血壓患者可選擇散步、騎車、游泳等輕鬆的運動，透過全身肌肉的反覆收縮，使血管收縮，有利於降低血壓；輕度心臟病患者比較適合選擇散步、慢跑等運動；心臟病嚴重的患者或心絞痛頻繁發作的患者可做太極拳等輕微運動，但不宜在運動中增加心跳次數。對哮喘病患者來說，游泳、高爾夫球、滑雪等運動項目則是最佳的選擇，透過堅持不懈地鍛鍊，可很好地改善症狀，乃至恢復健康。

(4) 根據身材來選擇

　　消瘦、虛弱、無力的人，其內臟器官往往也存在著某種不健康的隱患，所以，如果你經常感到乏力，體力不支，則應該先慢慢鍛鍊好基本體力，逐漸增強肌肉力量、持久力及身體柔軟度，再進行重量訓練，多參加有氧運動、跳繩、游泳等動態運動。另外，在運動的同時要特別注意飲食，應多食用一些蛋白質豐富和含維他命較多的食物，以改善內臟功能，增強肌肉力量。

　　對於瘦弱但有很多脂肪的人，肌肉力量和內臟器官的功能有所欠缺，體力不佳，易感疲勞。而步行、爬樓梯、跳繩、游泳等運動對這類人非常適合，因為這些運動可燃燒脂肪，有消脂的功效。在飲食上切不可暴飲暴食，過多攝取甜食和脂肪含量高的食品，但應攝取高蛋白食品。

　　體重標準，但其上臂、臀部以及腹部、大腿的脂肪過多的人，只要肌肉和關節正常，可參加任何運動，如打球、游泳、騎馬等，而有氧運動效果會更好。但要平日經常運動，切不可偶然參加劇烈運動，而且在做每項運動前，應該先做熱身運動，以防止肌肉拉傷。在飲食上注意營養攝取要均衡、不可吃得過飽，或過多食用脂肪含量高的食物。

　　一些體重超標、脂肪過多的肥胖者，其骨骼支撐能力很弱，爬幾級樓梯就會「氣喘如牛」。這類人應該多做有氧運動、多游泳以消耗脂肪，同時，也可以常做靜態的伸展運動，以強化肌肉骨骼。特別需要提醒的是，肥胖者大多都患有高血壓，故在運動前必須先量血壓，並且要注意動作的正確性，避免做過度激烈的運動，應根據身體狀況的好壞決定是否運動，不可為了減肥而心急氣躁。此外，在飲食上絕不能過度節食，應保證營養攝取均衡。

總之，不管採用什麼方式和手段進行鍛鍊都要遵守一個原則，那就是因人而異和循序漸進。要切記，體育鍛鍊是一個長期的過程，必須持之以恆，每天堅持進行適當的運動，才能換來機體的永遠健康。

【成熟大人有話說】

選擇一項適合自己的運動，因為只有運動我們才會更健康。但是要根據自己不同的狀況去選擇適合自己的運動。

5. 規劃好健康的工作計畫

改變自己的不良工作習慣，規劃自己的健康工作計畫，在工作中管理好自己的健康，既獲得了健康，又提高了工作效率。

(1) 消除工作中的不良習慣

清理你桌面上所有的文件資料，只留下與你正要處理的問題有關的東西。因為，如果你的辦公桌上堆滿了各種資料和物品，必然會讓人產生混亂、緊張和憂慮的情緒，嚴重影響工作品質和身心健康。

根據事情的輕重緩急行事。也就是說，你每天的工作要有計畫地安排，要按事情的重要程度來決定做事的先後次序。這樣就保證了重要工作可以及時解決。按事情輕重有計畫地做事，絕對要比無規則、無次序地做事情取得的效果好得多。

當你遇到問題需馬上做決定時，就必須當場解決，不要優柔寡斷。如果因為沒有及時採取措施，猶豫不決而拖延時間，將可能造成嚴重的損失。

學會分層負責和監督。有些管理者不懂得怎樣把責任分攤給其他人，而堅持事必躬親，其結果是常陷於忙碌之中，總是覺得有做不完的工作，從而感到憂慮、焦急和緊張，有損自己的身心健康。因此，作為管理者，必須學會分層負責，監督檢查。

(2) 保持良好的姿勢

一個人行走坐臥的姿勢都與健康密切相關，如果你在工作中能保持正確的姿勢，不僅能強健你的背部、頸部與腹部的肌肉，而且還能增強身體的彈性和力量。

當你站立時：身體要筆直，要像芭蕾舞演員和體操運動員那樣，耳朵、肩膀和腳踝連成一條直線。你可學學他們的站立姿勢，你會發現自己也能像他們那樣健美優雅。

當你坐下時：膝蓋的高度應與臀部平齊，或者稍高於臀部。

當你工作時：你的椅子應該靠近桌子，不要彎著腰或扭著身體進入工作狀態。

當你接聽電話時：不要把電話筒夾在耳朵與肩膀之間，否則，就會對頸部造成傷害。

當你攜帶較重的東西時：身體不要向前彎曲，也不要從腰部承托上身，不要使用背部的力量，要運用腳力來提重物。這樣，既不會損害身體，也能使你得到美好的外形。

(3) 克服工作症候群

當今社會，人們的患病率逐漸提高，尤其是辦公人群更易患有各種症候群，如疲勞、多病、健忘、肥胖、憂鬱、乏力、胸悶等症狀。

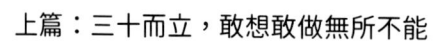

a. 高科技症候群

　　臨床調查結果表明，長期坐辦公室的人員易患多種職業病。有很多人，一走進現代化辦公室，頭疼、胸悶等症狀也隨之而來，並且越到下午，症狀越明顯。有很多時候，他們常會莫名其妙地煩躁，身體乏力，做事沒有精神，而且思維遲鈍，反應遲緩，愛鑽牛角尖。

　　由於滿辦公室的電腦、影印機在不停地工作，它們產生大量廢氣，再加上人員密集、室內通風不良等原因，很容易引發頭疼、胸悶等病症。

　　白領職業基本上都是長期使用電腦者，他們常常感到頸部和腰部不適，感覺肩背疼痛、抽筋、肌肉緊張或無力。

　　為了贏得健康，要注意辦公室經常通風。在飲食上也要多補充蛋白質、維他命和磷脂類的食品，以增加抗輻射能力。最好每隔一段時間，做些適當的運動，並呼吸一下新鮮空氣。

b. 資訊焦慮症候群

　　資訊焦慮症候群，又稱知識焦慮症候群，這是香港中文大學醫學部的孫彼得教授最早提出的。他在研究中發現，在資訊爆炸時代，人們對資訊的吸收是呈平方成長的，但人類的思維模式還沒有很好地調整到可以接受如此大量資訊的階段，由此造成一系列的自我強迫和緊張表現，非常接近精神病學中的焦慮症狀，因此，將這類症狀稱之為資訊焦慮症候群。

　　資訊焦慮症候群的表現：會突發性地出現噁心、嘔吐、焦躁、神經衰弱、精神疲憊等症狀。從職業來講，記者、廣告員、資訊員、網站管理員等都是該症候群的好發族群。

避免辦法：每天只從兩種以內的媒體上接受資訊，列出每天的工作計畫，生活要有規律，避免過多的娛樂。

c. 工作場所症候群

工作場所症候群是指在全封閉、裝有中央空調的現代化辦公大樓內工作人員所患有的一組病症。當患上這種工作場所症候群時，往往會出現頭痛、腦脹、噁心、疲勞、鼻腔堵塞、目赤、喉燥、易怒、寢食不安、脾氣暴躁、胸悶氣短，還伴有呼吸紊亂和咳嗽氣喘等症狀。實際上，所有的大樓或多或少存在著空氣品質、溫溼度平衡、光照、通風狀況和清潔程度等方面的問題。如果建築物通風系統中存在有害微生物，便可能導致工作場所症候群的產生。尤其是每年換季期間，那些寬敞的密封型大樓，受到的威脅將會更大。

預防工作場所症候群，室內做好通風措施最為關鍵。

d. 星期一症候群

上班族普遍都患有「星期一症候群」，生活中我們都有這樣的體驗。星期一人們的工作效率是最低的，一些人難以適應突然恢復的清靜日子。其實這種現象對現代社會大多數人來說都屬於一種正常的心態，一般在一兩天內即可恢復。在休假時，上班族要停止假期最後一天的活動，自我調節，補充睡眠，合理飲食，這樣就會緩解「星期一症候群」。如果出現某些症狀也不用心急，可以在工作時喝點茶、咖啡來提神，中午休息一會兒或閉目養神幾分鐘，晚上早些入睡。這樣就能恢復正常工作狀態。

(4) 擺脫辦公室的職業病

辦公人員由於缺乏鍛鍊，工作壓力大，他們職業病的發生率較高。那麼辦公室職業病有哪些呢？下列的幾項就是辦公人員常出現的職業病：

- 頸椎病（頸椎症候群）：這是由頸椎增生刺激或壓迫周圍血管、神經後導致的一種疾病。常見於長期伏案工作的人，如辦公室文員、教師、研究人員、編輯人員、電腦操作者等，頸椎病的發生率明顯高於普通人，如發現有增生並伴有頭痛、頭暈情況，應及時檢查治療。

- 肩周炎（五十肩）：這是肩關節周圍的筋腱發生損傷性、退行性病變引起的一種常見病、多發病。患者表現為局部疼痛、無力、活動障礙等，疼痛往往持久，夜間加重。有上述表現者應進行外科檢查、X光檢查、排除骨骼、肌肉病變。

- 肱骨外上髁炎（網球肘）：這是一種常見的慢性勞損性疾病，可進行X光檢查。

- 腱鞘炎（媽媽手）：這是因腱鞘和肌腱反復過度摩擦或其他原因造成的腱鞘炎症的總稱，發病與活動過度有關，好發於一些長期使用拇指工作的人。

- 慢性腰肌勞損（腰背肌筋膜炎）：這是由於長期的姿勢不當引起的腰部軟組織慢性損傷，產生主要原因有累積性勞損、腰部軟組織急性損傷未及時治療、先天或後天的脊柱、腰椎畸形。

- 高血壓：它的眾多併發症尤其是腦血管意外所致的病人殘廢乃至死亡的機率較高，三十五歲以上的人應定期進行血壓檢查。

- 慢性疲勞症候群：患者常常感到疲倦、煩燥、易怒、失眠、焦躁、食慾不振、體力低下、少量運動即造成疲憊等。

以上是辦公人員多發病，辦公人員在上班期間要做適量運動，工作之外多做戶外活動，要學會排除工作壓力，多吃水果、蔬菜，多注意休息，平時要作較全面體檢，排除器質性病變。

【成熟大人有話說】

對於自己一天的工作，必須要有計畫，否則便是沒頭的蒼蠅，讓事情牽著鼻子走。計畫中要展現出哪些是剛性的，哪些是彈性的，這樣你在執行的時候會分辨出哪些是重要，必須要執行。

6. 創建健康的心理計畫

隨著生活節奏的加快，工作強度的提高，資訊種類的繁多，使得人們經常遇到各種不同的壓力，如心理壓力、工作壓力和生活壓力。心理學家研究發現，心理壓力過低或過高都會危害健康。有適當壓力的工作不僅能激發人的情緒，提高工作效率，增添生活樂趣，而且還可以促進健康。但是，如果壓力過大，則會引起心率加快，血壓升高，胃腸蠕動減慢。長期的超負荷會引起或加重心腦血管疾病及偏頭痛。

超負荷的工作壓力。例如工作任務繁瑣，令其每天都像繃緊的弦，身心都處於緊張狀態，加之經常伏案埋頭工作，坐姿不正確，或坐得太久，對後頸及脊椎骨、骨盆以及對應部分的肌肉都會造成壓力，引起酸痛等症狀。若長期如此，必然會損害身體健康。

生活壓力出現的原因也是多方面的，例如經濟、前途、健康問題、親人生病、孩子問題、時間不足、體力問題等都可引起心理異常。

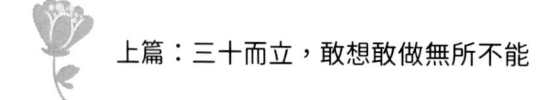

總之,如果在心理上、工作上和生活上形成過大的壓力,都會嚴重影響身心健康。現代人的心理問題不僅僅是一個社會機制性問題,也是一個健康問題。隨著生活節奏的加快,競爭的加劇,這一問題也愈顯突出。如今,現代人普遍存在著不同程度的心理問題,不及時診治與調節會影響人的身心健康,現在,我們不妨為你訂立一個解除各種心理障礙的計畫,供你參考。

(1) 克服壓力

國外一位著名的心理學家指出:「生命是一連串問題的交錯組合,要不斷地解決和克服,但是,如果能夠把每一個難題都看作是成長過程中的一次鍛鍊,那麼困難對自己所造成的壓力就會減輕。」要擺脫壓力,在上述心理調節的基礎上,可實行以下方法:

a. 改變環境

心理學家經過長期觀察分析發現,改變環境可使人產生一種全新的情緒,改變環境包括更換工作公司,改善人際關係,遠離使你心煩意亂的人,甚至可以遠離傷心地,在新的環境裡一切從頭做起。

b. 拒絕不情願的事

對別人請求的事,如果自己不願意做或沒時間兼顧時,應當把實情向朋友坦誠訴說,不要為了情面而勉強承擔下來,這樣會在無形中增加你的壓力。

c. 獨處

每天要為自己一段獨處的時間,冷靜思考或旁觀世事,以擺脫煩惱。

d. 遇事多往好處想

遇到難以處理或悲傷的事情時，別為自己自憐的機會，因為胡思亂想往往會加重心理負擔，影響大腦休息。

e. 合理安排時間

把要做的事情提前列出來，然後再按照計畫去做，而且一般情況下不要改變計畫。

f. 分開處理各種重大事件

在處理重大事情時，讓自己做完一件事後，再去做另一件事，避免同時做不同的事情。

g. 量力而行

根據自己的能力和興趣選擇職業，訂下的目標須切合實際，而不應盲目擇業，不切實際地異想天開。

h. 明智決定

在決定重大事項前應收集資料和聽取意見，再果斷決定，以免事後後悔。

i. 保持身體健康

經常參加體育鍛鍊，注意合理的飲食和保證睡眠充足，只有在堅持這些良好生活習慣的基礎上，才能保持身體健康。健康強壯的體魄是克服精神壓力的基礎。

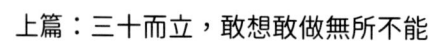

(2) 消除煩惱

　　心理學家指出，煩惱即煩擾苦惱，心緒不寧。煩惱與憂鬱、焦慮一樣，對人身體健康極為有害，持續的過度煩惱可引致心臟病、頭痛等各種疾病的暴發，如果你感到有煩惱不能排除時，可採用以下的方法來拋掉煩惱，重拾快樂。

a. 要學會忘記

　　我們應該學會忘記。忘記一切憂愁，忘記一切煩惱，忘記一切痛苦。學會忘記，你會擁有快樂的人生。

b. 要學會分析

　　應該懂得分析產生煩惱的各種原因。有專家介紹，如果運用戴爾·卡內基的方法分四步進行分析，即可驅除 90% 以上的煩惱。

- 我為什麼煩惱？（寫出答案）
- 我有什麼辦法解決它？（寫出答案）
- 我決定怎樣去做？（寫出答案）
- 立即開始執行自己的決定。

c. 要學會思考

　　如果你可以記住並懂得下述理論，並在生活中堅持做到，那煩惱自然會遠離你，只有快樂與你為伴。

　　困難和挫折不是壞事。一位哲人說得好：你的生命如果是一把劈荊斬棘的刀，那麼困難和挫折就是一塊砥石，只有在這塊砥石上磨礪，生命才會變得更加堅韌。

走自己的路，作自己的主宰，而不理會他人的閒言閒語，永遠不要後悔做出的決定和做過的事。淡泊名利，追求內心的安寧。努力做到心靜如水，化大事為小事，化小事為烏有。助人為樂，不求報恩，面對批評甚至是不公正的批評時，對付的最好辦法是一笑置之。遇到困難時想想在戰鬥中的勇士就不足為懼了。

d. 學會忍受

對已經發生的事，不管多麼悲慘，都應學會承受，因為只有這樣，才是克服任何不幸結局的第一步。

e. 不要對別人喋喋不休

遇到不愉快的事情，不要碰到人就拚命地訴說、發牢騷，這樣不但不能有效地解除自己的煩惱，還會在無形中增添別人的煩惱，甚至會引起別人對你的反感。最好的方法就是早點回家，快點入睡，以平靜自己緊張的神經。

(3) 快樂處方

快樂不快樂取決於你自己，只要換一個角度，換一種心態，你就能找到快樂，以下幾點幫你尋找快樂。

a. 把自己當成別人

當你受到挫折、屈辱而產生煩惱、悲傷、憤怒時，把自己當成別人，便能置身事外，不快感很快就會減輕；當你功成名就，取得成績時，把自己當成別人，就不至於得意忘形，讓勝利衝昏頭腦；當把自己當成別人時，就能站在別人的角度看自己，這樣就不至於自我封閉，作繭自縛。

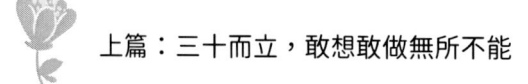

b. 把別人當成自己

與人交往，遇事設身處地為別人著想，這事碰到自己頭上，我會怎樣想，該怎麼辦？對別人多點同情心、多給點幫助，這樣不僅可以避免雙方之間產生矛盾，而且可以促進雙方的感情。

c. 把別人當成別人

做人不要自以為是，要學會尊重別人，任何時候都不應怠慢別人，不應強求別人怎樣做，因為怎樣做是別人的自由，你無權干涉，否則，久而久之，別人就會離你而去。

d. 把自己當成自己

任何人都有自己的獨立性、個性，你就是你自己，不是別人。把自己當成自己時，就得承擔起自己的責任，並且能獲得他人的尊重。

e. 熱愛美好的生活

打開你心靈的窗戶，培養廣泛的愛好，熱愛生活的每一天。

f. 養成樂觀愉快的習慣

幽默風趣或歡樂輕鬆，總是有益無害的。如果常常怨天尤人、批評和挑剔，結果只會是悲傷終生，甚至疾病纏身。

g. 不要總擔心會生病

醫學臨床證實，如果你總以為自己身體有大毛病，那麼，時間久了，就一定會患上各種疾病。

h. 熱愛自己的工作

一個人要是喜歡自己的工作，領略到做好每一項工作所帶來的樂趣，並以自己對社會有所貢獻為樂，那麼他工作的時候就會產生愉快的情緒，而且還可以加速成就他的事業。

i. 廣交朋友

擁有眾多的朋友，並和他們一起享受生活的樂趣，會帶給你無限的快樂。

每個人都應該學會換位思考，多角度、多方位地觀察社會，善待人生，這樣，我們就可以擺脫所有的煩惱，使自己的生活多點快樂，同時還可以把快樂傳遞給周圍的人，從而使你成為一個快樂的人。

(4) 宣洩自己的情緒

人一生中不可能沒有壞情緒，那麼，如何才能有效地消除、發洩自己的這些壞情緒呢？下面，我們就介紹一下宣洩情緒的有效可行的方法：

a. 笑一笑

古代哲人早就說過：「笑就是健康。」的確，笑，可以兼收養心養身的雙重效果。笑是身體健康和愉快心情的自然流露，是人體生物鐘運轉正常的表現。它是一種化學刺激過程，能刺激腺體分泌激素，使血液流動加快，細胞吞噬能力增強，抗體和干擾素生成增加。笑的過程中，人體各個器官都在進行保健運動。笑，既是心理保健，又是身體健康的一劑良藥。

笑有益於身心健康，但笑也應有個限度，要適可而止，否則會「樂

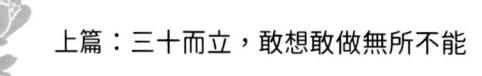

極生悲」而引發疾病，甚至造成笑死人的悲劇。醫療保健專家提醒說：如果吃飯時大笑，食物有可能墜入氣管，導致堵塞；如果吃飽後大笑，有可能誘發闌尾炎和腸扭轉；如果心肌梗塞病人大笑不止，會因胸腹腔內壓加大而引發意外；如果高血壓病人大笑，可以使血壓升高、血流加快，引起腦溢血。如果疝氣患者大笑不止，會導致疝氣在笑聲中不斷加重。所以，要注意控制自己的情緒，有效地調整七情六欲的變化，使之有時、有節、適中、穩定，這樣就能避免「樂極生悲」的事情發生。

總體來說，笑口常開，不僅可以保持樂觀愉快的情緒，還可以起到防治疾病的特殊作用。

b. 該哭就哭

常言道「男兒有淚不輕彈」、「男兒流血不流淚」、「哭是懦弱的表現」，其實，這些說法都是不科學的。醫學臨床研究證明，當人們受到外界強烈的刺激時，便會產生強烈的應激反應，使全身系統與器官處於不正常狀態，出現心跳加快，血壓升高，肌肉緊張，內分泌活動增強等現象，同時還會產生焦慮、驚恐、悲傷等情緒反應。如果長時間處於這種應激狀態，就會損害人的免疫系統，甚至造成嚴重疾病或死亡的後果，例如「憂鬱而死」、「含恨而亡」便是如此。而「哭泣」則是緩和、消除這種應激反應的主要途徑。

醫療實驗證明，悲傷時流出的淚水中，白蛋白的含量高，而這種白蛋白是由於壓抑而產生的有害物質，透過哭泣可使這種物質隨著眼淚從體內排出，即可緩解悲傷造成的緊張情緒，減輕痛苦和憂愁。如果長期強忍悲哀，不僅會破壞正常的生理規律，還可能誘發高血壓、潰瘍病、結腸炎等疾病。

第六章　做好健康計畫，拒絕以健康換取金錢

　　從生理學角度分析，當人悲傷時，眼淚的流出和不斷眨眼，可使淚水擴散到角膜，從而保持角膜層光面的規則性，起到潤溼、洗滌眼球角膜與結膜的作用，保護了視力，同時淚液中含有能溶菌的免疫球蛋白等物質，可以殺死或抑制附著在眼球表面的細菌與其他微生物。而且，人在悲痛時，會產生一些尚未被發現的毒素，而這些毒素可以隨著淚液排出體外，有助於人體健康。

　　哭泣是痛快的表現，「大哭一場」、「一吐為快」，能發洩精神壓力和心理痛苦，從而保持了心理平衡。因此，在發怒或悲傷時，不要抑制自己的感情，適當地把它發洩出來，以消除心頭的壓抑，對人的身心健康都有好處。

【成熟大人有話說】

　　在同樣一個環境下，每個人的幸福感不盡相同，有些人會產生憂鬱的情緒，有些人卻能達到自我實現，這就展現了心理健康的重要性。其實，「心」病比生病更危險。

上篇：三十而立，敢想敢做無所不能

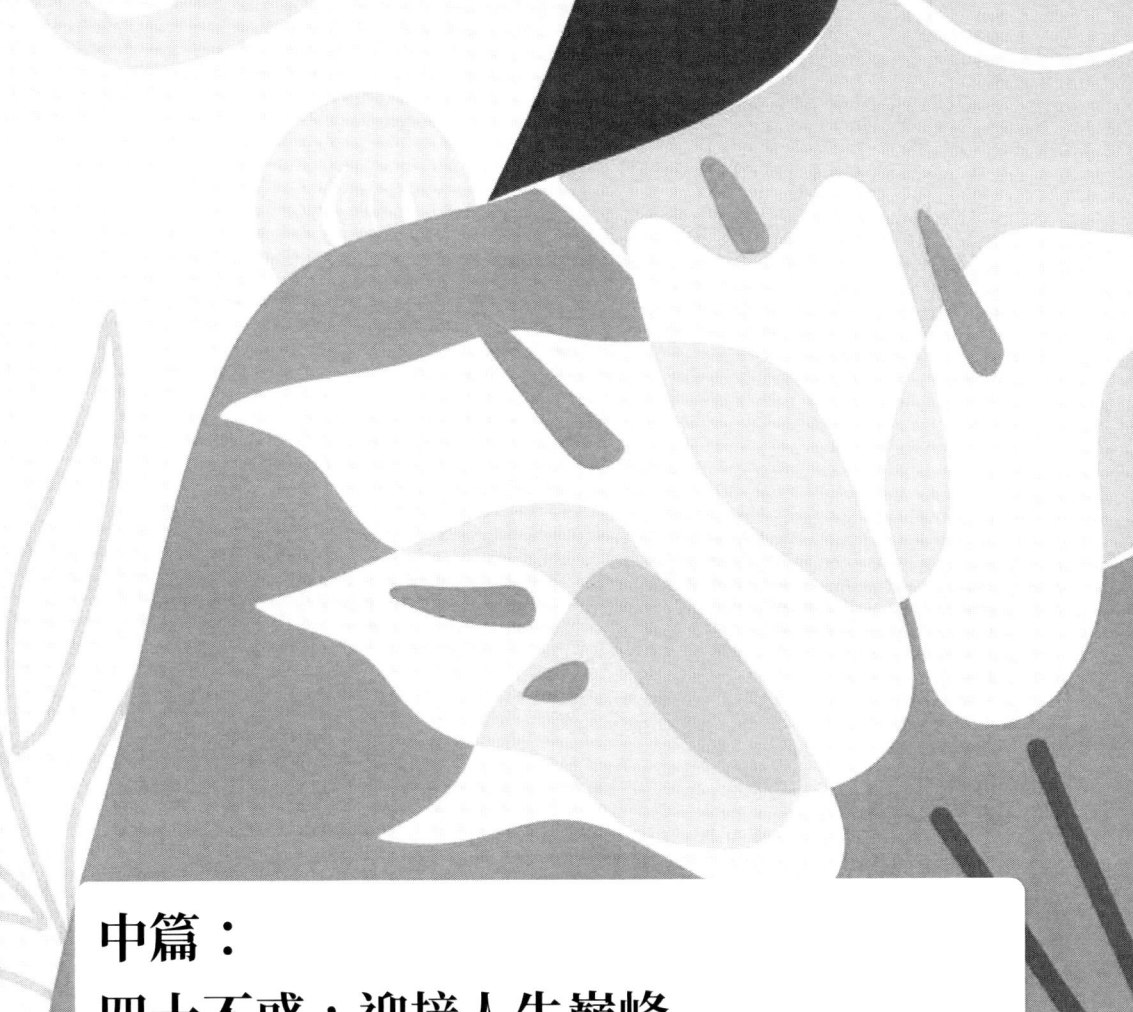

中篇：
四十不惑，迎接人生巔峰

人到四十，彷彿攀登到了最高峰。回首昨日，走過來的路多半坎坷不平。好多絆腳石，曾把自己磕碰得鼻青眼腫。自己也曾做過撲燈蛾，一心想奔光明，結果惹火燒身……這種種景象的觀察，只有站在峰頂才能看得到，想得透。經歷了四十年的風風雨雨，四十年的坎坎坷坷，他們逐漸由漫無邊際到目標專一，由工作狂轉為事業狂，由年少氣盛變成老成持重。人到四十，才能散發出獨有的芬芳，閃耀著獨有的光芒，在這芬芳和光芒的背後，蘊涵著瑰麗的思想。

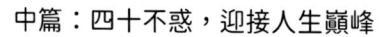

第七章
四十歲，迷茫與疲憊的分水嶺

　　四十歲，是一個深沉多於熱情，思考多於熱情的年齡，是一個承上啟下，誰也不離開他的年齡；他接過老人的負載又托起孩子的希望，是在小憩之後的又一個加油站；他就像越喝越有味道的濃茶，其中的滋味得用心品味，韻味悠長。

1. 年齡是自己的，不喜歡就不說

　　年齡是女人心中的一抹感傷的音節，很直接又很隱私。曾經看過一個有關女人年齡的笑話：某名女年過四十，有人問她年紀多大，她嫣然笑著說：「我是兩朵花帶著個花蕾。」

　　聽的人不解，一再追問，她只是說：「人說『姑娘十八一朵花』，我是三朵花還沒有全開。」

第七章　四十歲，迷茫與疲憊的分水嶺

這雖然是一個笑話，但也說明了一個問題：女人的年齡是個祕密。

目前在消費市場上不少的化妝品、服裝和珠寶以及其他與女人有關的品牌，都熱衷於用「二十歲、三十歲、四十歲……」或「二十五到三十歲、三十到四十歲、四十到五十歲」這樣的標準來給產品定位。而在職場上，不少人認為三十五歲是進入中年的一個量化標準。你會覺得到了三十五歲真是恐怖，有種被排斥被拋棄的感覺，於是在接近這個年齡時，心裡就充滿了恐慌。

有一次，一個長相平平的女生與一位樣貌、身材依然保持很好的中年女子因小事發生爭執。女孩張口罵道：「老查某！」女士聽了，不疾不徐地回了一句：「我也年輕過，妳也肯定會老，可是妳卻永遠不會有漂亮的時候。」說得真好，年齡是次要的，漂亮才是最主要的。

或許，你也曾經歷過類似的場景：一些時候，和朋友或客戶吃飯、聊天。談笑間，只要問及女人的年齡時，多數女人總是嫣然一笑：「女人的芳齡可是保密的喲。」或更加嫵媚：「妳猜我幾歲？」也許這種種支支吾吾的答非所問，是當今社會締造出來的特有產物，也許是女人們怕老的心理的驅使，又或許是女人們為達到某種目的不得已而為之吧。

其實，所有的女人都一樣，都害怕自己的容顏一天天褪色、一天天老去。特別是當別人在背後惋惜妳今非昔比的美麗時，妳是那樣的惆悵、那樣的無助、那樣的無奈。然而，誰能擋得住時光的腳步，誰又能躲過歲月的洗禮呢？每個女人都逃脫不了從如花似玉到飽經風霜的殘酷陣痛。

年輕有年輕的嬌媚和活力，而生活的沉澱也會給人們帶來財富。年近五十的林志玲依然是個美麗的女人，面對生活賦予的磨難，她卻能顯現出從所未有的坦然和從容，舉手投足間都透著優雅，這是沒有經歷過

中篇：四十不惑，迎接人生巔峰

歲月打磨的女孩所無法比擬的。當年五十五歲的翁倩玉與韓國第一美女金喜善一同出任日本某品牌化妝品的形象代言人，商家能作出這樣的選擇是明智的。因為他們知道，中年的翁倩玉不會輸給年輕的金喜善，歲月侵蝕之後依然能保持的美麗容顏才更有說服力。

如此說來，女人年齡的大小又有何妨？「奔三」也好，「奔四」也罷，與其惶恐憂傷，不如造就一個安然的心態。不必為年輕驕傲，也不必為年老而哀嘆，更無須強留青春的尾巴。因為無論二十歲、三十歲還是四十歲，終將只是暫時，重要的是要珍惜每一時段，提升自己魅力的修練。雖然沒有了漂亮的容顏、性感的身材，卻依然會是個儀態萬方、有風度的魅力女人。三十歲以後的生活會更精采，一樣的花樣年華，一樣的美麗妖嬈。好女人如酒，只有越久才會越醇。

【成熟大人有話說】

人由生到死，歷經童年、青少年、中年、老年，每一個年齡段都是人生必經的階段，沒有哪個人生下來就進入垂暮之年，也絕無可能歲月就停留在風華正茂的青少年時代不再向前。

2. 四十歲的女人，才是真女人

優雅的女人無人不喜歡，不管是男人還是女人。就像蒙娜麗莎的微笑一樣，優雅是一種恒久的魅力。從一個人優雅的舉止裡，可以看到一個人的文化教養，讓人賞心悅目；從一個人的優雅舉止中，亦可以品味出一種獨特的滋味，讓人心神激蕩。

但凡女人都經歷過綻放的階段,那是女人二十歲的時候,柔嫩光滑的肌膚、青春飛揚的思緒,催促著「羞答答的玫瑰靜悄悄地開」。這是女人的第一季,一種原生動力讓女人不得不花開。可惜的是,總有一些女人永遠地停留在了第一季,綻放是她們人生的高潮也是末路,隨之而來的就是凋敝。這樣的女人最多也只能稱得上是個「半成品」,花開花敗全靠「純天然」,綻放只因青春。

而一些女人在經歷了「綻放」的前奏之後,透過近十年的努力奮鬥,迎來了「盛開」的第二季,這就是女人三十歲的時候。這種女人通常是歲月的風霜雪雨帶走了青春和稚嫩,卻帶來了自立自信和自愛,還有女人成熟的風韻和睿智的風采,這種盛開就來源於自信。

還有少數女人,又經歷了十年的跋涉,終於進入「怒放」的第三季,就是四十歲的時候。這個時候的女人也終於修成了正果,完成了精品女人的蛻變。此時的女人就像成熟的麥穗,外表已經不再重要,沉甸甸的內在才是生命賜予的禮物。

只有能行進到第三季的女人,才是真正的精緻而有品味的女人。她們絕不會僅僅停留在「盛開」的最初體驗之中,也不會止足於「綻放」的佳績之中,而是憑藉著努力站在了「怒放」的高貴的枝頭。她們的綻放、盛開、怒放,一次比一次充滿力量、動感和韻律,一季比一季攀升遞進,就像女人人生的三個臺階、三種境界。

四十歲的女人,不要悲哀,也不要難過,過去的,不要追悔,將來的要學會安排,做個精緻的女人,秀出生命的色彩。要力爭做個精緻而有品味的女人,這樣的女人才不會老,才會像一件高檔的珠寶那樣永遠璀璨。

四十歲以後的女人雖然少了少女的清純,但是另有一種風韻。這種風韻可以是端莊典雅、儀態萬方,可以是蓬勃熱情,也可以是古典大

方。她就像一件高檔的珠寶，熠熠生輝、細膩璀璨，讓男人愛不釋手。精緻，不一定就需要高檔的衣服、首飾或其他道具來塑造，更多的是一種生活態度。沏一壺茉莉花茶的時候，放兩朵玫瑰、加一勺蜂蜜，這就是一種精緻。品茶的時候，知道用自己心愛的瓷杯或者透明的玻璃杯裝上，而不是用一次性紙杯，這也是一種精緻。炒好的青菜，用細白瓷光潔的盤子裝上，擺出秩序的樣子，既有色又有味，也是一種精緻。

每晚睡覺前，仔細地在鏡前端詳自己，並且高興地想「我還是美麗的」，帶著甜甜的微笑進入夢鄉，也是一種精緻。她知道施華洛世奇的水晶和地攤上的水晶有何區別，並不一定去買，這也是一種精緻。她知道在宴會上該穿禮服、工作時該穿套裝、睡覺時該穿性感睡衣，也是一種精緻。

精緻的女人，注重品質、細膩，讓男人覺得高尚；精緻的女人，美好、珍貴，讓男人感覺到來之不易，必須好好珍惜。精緻的女人，才是懂得享受生活的女人，她能夠承受富貴，而且不會在富貴時使男人想要放棄她。精緻和優雅的生活，就要從骨子裡有一種「精品意識」，精緻地化妝，精緻地穿衣，精緻地生活，並力爭做一個最好的自己，善待自己，愛惜自己。跟緊時代的步伐，貼近不斷更新的時代氣息，才能使自己成為一個與時俱進的女人，永不被潮流拋棄。

四十歲的女人，像是歐洲漫畫，精裝雋永，遙遠的故事，陌生的時空，淡然一笑卻讓人心曠神怡。四十歲的女人像白酒，越是年代久遠，越是濃郁甘醇。

【成熟大人有話說】

> 四十歲的女人，如果能擁一份從容、自信，執一份淡泊、清明，掬一腔似水柔情，持幾分高貴優雅，相信一定會是一個精緻而有品味的女人。

3. 男人四十一枝花

　　如果說，三十歲的男人是一棵樹，能夠遮風避雨，那麼，四十歲的男人就是一座山，在經歷了風雨之後，顯示著沉穩與挺拔。四十歲的男人，每天依舊仔細剃光鬍鬚，繫上領帶，動情地唱歌。他們連爬帶滾，打拚天下，懂得有淚往肚裡吞。四十歲的男人同學聚會，熱情的燃燒，使他們的臉紅得像關公一樣；四十歲的男人常常忙到很晚才回家，心裡還盤算著第二天的計畫。有人說，四十歲的男人最具魅力，是如日中天的太陽！他把光和熱撒向大地，大地因此而萬紫千紅。

　　「四十歲的男人一枝花」，四十歲的男人沉穩，會解風情。四十歲男人，進了不惑之年，大都事業有成，他們是主宰社會和女人的舵手。四十歲的男人需要什麼？這似乎很難回答。賺到更多的錢？當上更大的官？回家哄好老婆，在外面再找個更好的情人？讓孩子考個知名大學有個比自己更好的未來？或者好好讓自己玩玩休息好後再打算未來？這是需要許多人去研究完成的事情，看來，只有時間能給出每個人不同的答案了。

　　四十歲的男人因為經歷太多，已經變的有些可怕。功成名就的四十歲男人，怒放著財富、名望、地位、風度……他們變的老、奸、巨、滑。但「老」得恰到好處，「老」即老練、成熟；「奸」是老謀深算；「巨」

中篇：四十不惑，迎接人生巔峰

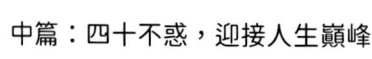

是指會讓你覺得他什麼都偉大；「滑」是指在處理人際關係上，左右逢源，遊刃有餘。老、奸、巨、滑，綜合成一個戰無不勝攻無不克的四十歲男人。

四十歲的男人有了很大變化。他們表面最需要的是事業上的成功和社會的認可。因為這首先會帶給自己驕傲和自信，滿足內心的虛榮。他們四十歲後大多交際手段更加圓潤，性格變得沉穩、自信和從容，學會了包容，承認一切都有定數，能釋然地對待許多事情，對待任何事情都更加現實了。所以四十歲的男人是以事業為重。

四十歲的男人依然是那麼有魅力：在員工的眼裡，他們是成功的偶像，成熟、自信、從容和微笑還是那樣迷人；而在異性的眼中，依然是一道美好的風景，是一本想讀永遠也讀不完的書，神情中帶著體驗人生百態後的從容和豁達。四十歲的男人需要同事、朋友的尊重。他們需要好的人緣，用此來證明自己的成功。

四十歲的男人因為在社會忙於應酬，身體會疲勞，會很注重自己的身體健康了，而且會記得自己的生日，和老婆孩子在一起吃一頓像樣的飯，然後向家人宣告：我老了。但又最怕別人提一句「你老了」。可是頭髮有點白了，脂肪多了，血壓升了，膽固醇高了都是事實。所以他們需要妻子的關心和體貼，有時候還需要老婆的吹捧。當然家庭的溫暖很重要。

四十歲的男人因為心太累會孤獨，他們需要徹底地放鬆，需要找人交流，這時候他最渴望有個紅顏知己能夠和他推心置腹，什麼話都能聊。因為有人能為他出謀劃策會讓他如心浴涼風。四十歲的男人也有隱私，他們的隱私幾乎都和某個女人有關。四十歲的男人對女人的欣賞，已不僅僅停留在表面。他們透過女人的容顏，能審視到女人的內心。豔

麗的、平淡的、風情萬種的、安分守己的，各色各樣的女人在他們的眼前一一飄過。突然有一天，他們的心怦然而動，因為他們被一個女人吸引住了，或許是被他們自己的幻想吸引住了。那個女人成了他們心中憧憬的偶像，他們野心勃勃地想擁有所眷戀的女人，可是一想再想，卻遲疑著放過一個個機會。因為四十歲的男人肩上有責任，胸中有道義，他們不再年輕，不再莽撞，不會冒然表白一切。一切都要自然而然，含而不露，水到渠成。四十歲的男人穩穩地等待著最佳時機，他們的自制能力很強，能避免許多令人尷尬的局面發生。

四十歲是一個讓人想入非非的年齡，工作、家庭都步入了一個穩步上升的時期，生活如一條靜靜流淌的小溪，甚至連稍微的漣漪都極難激起。男人覺得家中唯一的樂趣是面對自己的小孩，這是他和女人之間的調節劑。但男人仍會精神空虛，對家庭動搖，以前忙事業的時候真的是很難有機會去打理自己，生活就像是生產線上的一個零件，你只能按部就班地走自己的路，熱情這個詞早就不在大腦存留。男人忽然會想很多，渴望愛情能再次光顧，如果這時有個年輕的女人用思想直搗男人的靈魂深處，男人可能會奮然不顧，但他不願意就此讓自己的婚姻完結，因為後方仍需要鞏固。他不願意丟棄自己的家庭和妻兒老小，因為維護形象很重要，但魚與熊掌又想兼得，於是便有了許多女人的哭訴。老婆、情人的平和便是這特殊時期的產物。

四十歲的男人是精品，四十歲的男人最有活力也最有魅力，四十歲的男人婚外情最多。四十歲的男人是一生最輝煌時期，也是最能讓女人看上的時期。這個時候的男人最懂愛情。因為他已經有比較有鑑別了，但他們大都不會為了一份虛無縹緲的愛，便將一切置之度外。

四十歲的男人，他們有一個共同的特點，就是特別懷舊，特別不服

中篇：四十不惑，迎接人生巔峰

輸。男人的立足之本是事業，如果工作對於他僅僅是賺錢的工具，或者是吃喝玩樂，碌碌無為的寄託，那麼他每天會過得萎靡不振，毫無生氣。如果工作對於他來說能展現他的能力、才華和價值，使他充分地運用自身的優勢去獨當一面並取得成績，那麼工作就是他的精神寄託，是他的事業，是他生命中最重要的一部分，是他驕傲的資本。

男人對於家庭的重視程度源於對妻子和孩子的濃厚感情。男人娶了他愛的女人，成為夫妻，然後有了愛情的結晶——寶貝孩子。男人不再心猿意馬，不再孤獨無依，不再有飄浮不定的感覺。有了家，男人的心踏實而溫暖。有愛他的女人為他做飯洗衣孝敬老人教育孩子，男人放心地走出家門去打拚屬於自己的一方世界。因為家的動力，男人苦也不覺得苦，累也不覺得累。男人心甘情願，只要他的女人和孩子幸福，所有的付出都是值得的。

四十歲的男人很驕傲，遇到工作中生活上的失意和打擊又會很頹廢。女人欣賞男人的成熟和堅強，溫情和善良。因為男人和女人一樣，不是十全十美的完人，所以女人也會包容男人的脆弱和憂傷，愛男人的那份真實和坦蕩。

【成熟大人有話說】

　　四十歲的男人，在女人眼中是一道美麗的風景，是一座堅固的石橋，是含蓄的清晨，是深沉的夜晚，是女人永遠解不開的一道題……

第八章
跨入四十，再創高峰

　　四十歲了，如果你仍舊一無所得、事業無成，那麼就應該深刻反省一下原因何在了。重點要在自身上找原因，也要對環境因素做客觀分析，切勿將一切原因都歸咎於外界因素、他人之過。四十歲的人，只有正確地認識了自己，找出了主要原因，才能解決好人生發展的問題，把握好今後的努力方向。

1. 跌倒了爬起來，一切都能重新再來

　　當孩子在學習走路時，做父母的都會面向孩子，伸出雙手，迎接著還不敢大膽邁步的孩子。當孩子摔倒在地時，父母會鼓勵孩子說：「爬起來，再試一次！」

中篇：四十不惑，迎接人生巔峰

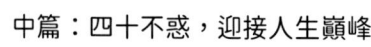

這樣，一次次的「再試一次」，終於使孩子學會了走路。在人們的工作生活中，也不免類似的事情發生，也需要一次次「再試一次」的勇氣。再試一次，或許便陽光明媚。

有位科學家做了一個實驗：

他將一群跳蚤放入實驗用的大量杯裡，上面蓋上一片透明的玻璃片。跳蚤的習性就是愛跳，於是許多跳蚤都撞上了玻璃，不斷發出叮叮咚咚的聲音，過了一陣子，動物學家將玻璃片拿開，竟然發現所有的跳蚤依然在跳，只是卻已將跳的高度保持在接近玻璃片的水準上，以避免撞到頭，結果竟沒有跳蚤能跳出去。牠們的能力不是跳不出來，而是在屢受挫折後，已經喪失了再試一次的勇氣。

也許我們會嘲笑跳蚤的愚蠢，但遺憾的是當失敗打擊接踵而至時，我們不也曾像跳蚤那樣放棄所有的努力而聽任命運的安排嗎？

失敗了不要氣餒，只要有「再試一次」的勇氣和信心，你就能獲得成功；在取得了已有的成功之後，不要安於現狀，只有抱著「再試一次」的信念，才能不斷超越自己，攀上新的成功高峰。

有一個年輕人，家庭生活極其貧困，全靠他一人養家糊口。當與他年齡相仿的孩子正在校園裡過著無憂無慮的生活時，他已經必須為了生活而奔波操勞了。他必須去找工作。於是，他來到一家電器工廠，想找一份工作。他對負責人說，他只想要一份能帶給他們一家人穩定收入的工作就可以了，哪怕是最低下的，他也做。負責人微微地看了看眼前的年輕人：衣著骯髒，又瘦又小。負責人覺得很不理想。礙於面子，免得傷他自尊心，便沒有直接說，而是找了一個藉口說：「廠裡暫時不需要人，你過一個月再來吧。」

對於一般人來說，應該都明白了負責人的言外之意，這一個月根本就是虛幻的。或許也根本就用不著等。但是，一個月後，那年輕人卻真

第八章　跨入四十，再創高峰

的來了！負責人無奈之下，只好推託說，「再過些天吧。」

過些天後，那年輕人真的又來了。如此反覆，負責人終於亮出了底牌：「你衣著太髒了，不夠資格進我們工廠。」於是，年輕人回去了。

第二天，負責人見那年輕人衣冠楚楚出現在面前。「先生，這是昨天借錢買的。覺得怎麼樣，現在我應該可以了吧？」年輕人笑了笑。

「還不行，關於電器方面的知識，你幾乎一竅不通。」負責人苦笑著搖了搖頭。

幾個月後，年輕人再一次來到這家企業，找到負責人，說，「先生，我抓緊時間學了一些電器方面的知識，您看，我哪方面還不符合貴工廠的用人標準，我一項一項再彌補。」

聽著年輕人那句話，負責人望了他好半天，終於說話了：「我幹這一行已經好幾十年了，第一次碰見你這麼有耐心的人！好，年輕人，明天來上班吧！」

這個年輕人，就是後來享譽全球的「企業經營之神」——松下幸之助。他憑著自己堅持不懈的努力，一舉登上了日本松下電器公司總裁的寶座。他就是這樣不怕失敗，一次又一次地與失敗抗衡，一步比一步接近成功。

當上總裁的松下幸之助，對新近員工的要求也很嚴格。有一次，松下公司招聘一批推銷人員，考試是筆試和面試相結合。這次招聘的人數總共就有十名，可是報考的達到幾百人，競爭非常激烈。經過一個星期的篩選工作，公司從這幾百人中選擇了十名優勝者。

松下幸之助親自過目了一下這些入選者的名字，令他感到意外的是，面試時給他留下深刻印象的神田三郎並不在其中。於是，他馬上吩咐下屬去複查考試分數的統計情況。

經過複查，下屬發現神田三郎的綜合成績相當不錯，在幾百人中名

中篇：四十不惑，迎接人生巔峰

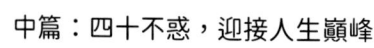

列第二。由於電腦出了毛病，把分數和名稱排錯了，才使神田三郎的成績沒有進入前十名。松下幸之助聽後，立即讓下屬改正錯誤，盡快補發錄取通知書給神田三郎。

第二天，負責辦理這件事情的下屬向松下幸之助報告了一個令人吃驚的消息：由於沒有接到松下公司的錄取通知書，神田三郎竟然跳樓自殺了，當錄取通知書送到時，他已經死了。這位下屬自言自語地說：「太可惜了，這位有才華的年輕人，我們沒有錄取他。」

松下幸之助聽了，搖搖頭說：「不！幸虧我們公司沒有錄取他，這樣的人是成不了大事的。一個沒有勇氣面對失敗的人，又如何去做業務員！」

真正的成功人士，沒有一個是知難而退的；真正的成功人士，無一不是迎難而上，愈挫愈勇，永不言棄。

在一個國際大型飲料訂貨會上，很多國內外知名品牌廠商蜂擁而至。剛成立不久的新新奶茶廠也想占一席之地。但由於場面之大，遠超出廠長的預測，該廠的產品和參展人員被擠在一個小角落裡。

雖然新新飲料是運用傳統結合現代工藝精心研製的新產品，但從包裝外觀和廣告宣傳上，都很難得到經銷商的認可。再加上大廠商使出了渾身解數來推銷，使小廠商根本無計可施。

當訂貨會將近尾聲的時候，許多廠商歡聲笑語，準備滿載而歸。新新奶茶廠的產品仍舊無人問津，新新奶茶廠的業務員為此一愁莫展。

這時廠長突然發現了大廠商忽略的一點，他對員工們說：「讓我最後來試一次！」只見廠長取過兩瓶奶茶裝在一個袋子裡就往大廳中心走去，廠長的這一舉動使大家莫名其妙。

只見廠長走到大廳中央人員稠密的地方，突然「一不小心」，將兩瓶奶茶丟在地上，瓶子當場碎了，頓時大廳內香味四溢。可以想像，參

加這個訂貨會的都是些飲料專家，很多人就從這飄散的奶茶中得出了定論──這肯定是一種品質上乘的新飲料。於是憑藉這香味，很多客戶對新新奶茶廠的產品產生了興趣，奶茶在一個多小時內被訂購一空。

從此，新新奶茶廠一舉成名，產品供不應求。若不是在訂貨會上，廠長英勇的「再試一次」，哪來日後的成功？

在競爭激烈的今天，企業要想生存、要想發展，就必須要有「再試一次」的勇氣和決心。很多時候，人之所以會失敗，並不是由於各種客觀原因，而是自己敗下陣來，不願再去嘗試。也就是說，是自己打敗了自己。我們為什麼不可以以勇敢者的氣魄，堅定而自信地對自己說一聲「再試一次」？

【成熟大人有話說】

勇於再試一次，是一種過人的膽識，是對自己能力和潛力的高度自信，更是一種智慧的展示。鼓起勇氣，再試一次，就成功！

2. 四十歲，事業也能更上一層樓

男人四十歲，正是如日中天之後事業的巔峰時期。在社會各個領域中，四十歲的男人都充當著中流砥柱的角色。

四十歲，剛剛過了人一生中最美好時期的一半，一個男人要成功仍然可以從四十歲以後開始。因為四十歲的男人正是學識豐富、技術純熟，對一切都能駕輕就熟的時期。有些人在四十歲時換了工作、改了行業，但他們並不會因此而感到困難。

中篇：四十不惑，迎接人生巔峰

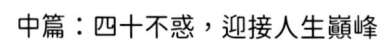

張之岳曾在一家工廠的技術科做了二十幾年，他在大學時學的是機電專業，大學畢業後，進到工廠工作。

在那裡，他基本上沒有什麼事可以做，每天只是到工廠裡的生產線看一看。一下子二十多年就這樣過去了。有一天他突然夢醒，覺得自己一事無成，很是悲傷。四十多歲的人了，再不做出一點事業來，還等到什麼時候做。他不想再繼續這種死氣沉沉的生活，想調換一種工作。於是，他經常利用休假跑人才招募會。

皇天不負苦心人，他終於找到一個機會。有一家劇院要招聘一位音響安裝師，看上了他，提供高薪，一拍即合。張之岳毫不猶豫地辭掉原來的工作，來到這家公司上班。他原來是學機電的，做這些事簡直是易如反掌。他很快就當上了那家劇院的音響總設計師，把工作搞得井井有條，整天忙得不可開交。他每月除了薪資以外，還有獎金，加在一塊，是原公司的十幾倍。他雖然很忙，但忙中有樂，活得很充實。

他時常感嘆自己終於抓住了機會，以前做了幾十年，還不如現在的一年。人生終於活出了一點價值。

有人說：「從四十歲開始，人其實就把很多東西看透了。」這裡的看透其實是說，四十歲的男人不會再像年輕人那樣相信許多假的東西，也不會像老年人那樣懷疑許多真的東西。而是在做任何事情時都能少走許多彎路，所以四十歲擁有出色的成就並不是一句空話，也不是空想。

男人四十歲，正是人生中最容易創造奇蹟的美好時期，他們更有優勢把握當前的機遇，更有資格摘取成功的碩果。

四十歲以上的男人也有四十歲以上男人的優勢。四十歲以上的男人社會經驗多，做事扎實，吃苦耐勞。可以說，四十歲以上的男人與年輕人各有千秋。在邁向成功的路途中，我們時常會碰到很多瓶頸、困難、問題……四十歲的男人恰恰能應對自如，事業更順。

【成熟大人有話說】

> 　　一個人能否取得成功,並不在於家庭出身,也不在於其他天然的資本,主要在於一個人的態度,這種態度將影響我們一生。

3. 心態歸零,再拚十年

　　世界並不完美,但人可以不斷完善自己的心態而達到心境上趨於完美。對於有些遺憾的事情,不要耿耿於懷。對於錯過的機會,也不必後悔懊惱。很快就會有新的機會出現,很快就會有彌補遺憾的機會。對於在社會上打拚的年輕人而言,繼續向著下一個目標奮進才是首要任務。

　　先做快樂人,把心態調整好。這裡的快樂,指的是心態坦然從容,笑對周圍的事情,而不是說要安於現狀。快樂的人不受制於現狀,不被現狀所困擾。而年近三十的人則要多一份穩重在其中。在追尋快樂的同時保持良好的心態,不以別人的災禍為樂,更不樂極生悲。

　　若要成功地做事,整天愁眉苦臉是無濟於事的,笑對一切困難並戰勝它們,才是正確選擇。而且,心態不僅影響著人的心情與健康,更影響著做事的成敗。

　　當今社會競爭日益激烈,人們每天承受著巨大的生存壓力,面對好多事情,輸贏得失在所難免,有時可能會顯得有些力不從心,甚至無所適從。如果不懂得及時調整自己的心態,苦惱、憂愁、煩躁、憤怒、痛苦等一系列不良情緒,就會嚴重地損害人們的身心健康。而最好的自我調適方法,就是看輕輸贏,笑對得失。

　　想做好一件事,首先要有積極、樂觀的生活態度,這種心態在做事

中篇：四十不惑，迎接人生巔峰

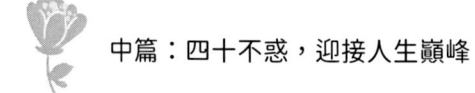

過程中可以展現為寬容大度，不計較得失的坦然心胸，而且也是一種人品的修養，這樣的態度是戰勝困難走向成功的法寶。

一位學者說過：「從這個世界上已經意外地得到這麼多，我還能失去什麼呢？」看輕輸贏，笑對輸贏，就可以減少一些欲求，消除一些欲望帶來的煩惱，從而解放身心，擺脫心靈的紛繁雜念，不受現實的束縛，輕鬆地去挑戰下一個巔峰。

人生總是起伏不定，不可能一馬平川，暫時的失敗又有何妨？輸不起怎能贏？只有嘗過輸的滋味，才會更加珍惜贏的精采。

內心貧乏的人，生性急躁，喜歡喧囂和熱鬧是因為耐不住寂寞，總是想盡一切辦法從他人的評價和讚美中找尋自己生存的保障。而笑看輸贏的人，能夠在反省中看見自身的不足，把自己準備得很充分，再投入生活的風浪和征程中去。

笑看輸贏者對損失看得淡如雲煙，因為他們知道，相對於整體而言，損失的不過是局部。他們心胸開闊、襟懷坦蕩，遇到煩惱能夠很快釋懷，不會怨天尤人，能夠勇於承認錯誤，並且採取積極的行動來挽回損失。

把心態調整好，笑對天下事，是一種處世的境界，使人可以瀟灑從容地在人生的舞臺上盡情揮灑自己的才能，不低迷、不逞強，穩中求進。只要自己的信念沒有喪失，那麼轉機也許就在下一秒鐘出現。

【成熟大人有話說】

事業沒有終點。只要你想，任何時候都可以整裝待發，從頭再來！

第九章
成功是持續堅持，名望是逐漸累積

在我們身邊，經常會聽到這樣的話，「混不出名堂就不回家，混不出名堂就不結婚，混不出名堂就不回國，混不出名堂就不參加聚會……」一個「混」字，透露出多少辛酸與無耐。成功的確是一個美麗的天使，她的降臨會讓你在社會上找到名譽，在政治上找到地位，在經濟上獲得財富，在事業上攀到巔峰……然而，真正做事的人都深有體會：成功是熬出來的！「熬」，意味著「難」；「熬」，意味著「慢」；「熬」，意味著「痛」；「熬」，意味著「忍」……可以說，人生本身就是一種修練過程，這種修練就是一種「熬」，煎藥般的「熬」，煲湯似的「熬」。

1. 四十歲的男人，需要成就感

四十歲的男人，最需要的就是有成就感。有了成就，你就有了話語權；有了成就，你才能充分地彰顯男人的魅力；有了成就，你才能在人

中篇：四十不惑，迎接人生巔峰

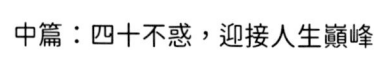

面前真正地將腰桿挺直！

　　對於任何一個男人，成就感都像一種神奇的魔法，它能讓一個醜陋的男人變得魅力無窮，它也能讓一個老實木訥的男人變得口若懸河，還能讓一個走向遲暮的男人煥發出青春般的活力……可見，男人所有的自信和魅力都是建立在某種成就感之上的。男人的成就，如同女人希望自己的容貌被別人注視一樣，男人也希望得到別人的仰望。

　　男人用成功為女人創造幸福，同時也為自己編織幸福的氛圍。和自然界的工蜂、工蟻一樣，男人擔負著創造家園、尋找食物、保護配偶和撫育後代的責任。

　　記得幾年前曾看過一篇短文，說是一些人正在召開會議，在會議閒暇時段，他們討論起了男人與女人的地位和關係。於是，便有人說：「男人是戰士，是同天奮鬥，同地奮鬥，同自然奮鬥的戰士。」誰知，這時一個不懷好意的傢伙就插話問：「那女人是什麼？」因為是閒談，所以有人就說：「女人是男人的戰利品、勳章！」這樣一來，便引起了在場所有女同胞的公憤。一個女同胞便大喊：「戰利品、勳章們團結起來！」這個人儼然成了女同胞們發洩公憤的活靶。

　　雖然這只是一個笑話，但並不無道理。男人成功的基礎裡不僅要有一個愛他的老婆，還要有事業！

　　俗話說：「相愛容易，相守難。」由此可見，相守並不是那麼簡單的。這其中一個關鍵的因素就是：在她眼中，他是值得愛的，因為他能幹，值得託付，對她很負責任，所以，她對他願意付出。這裡所隱含的意思就是，男人的創造性能為她撐起一片藍天，讓她感覺到幸福。男人成功了，他的女人也就幸福了！而女人幸福了，男人也就滿足了！這樣男人就有了成就感！

> **【成熟大人有話說】**
>
> 男人要擁有成就感，就要抓緊時間成功，如果你不抓緊時間成功，你就會面臨「腰桿無法挺直，說話沒有底氣」的尷尬局面。有成就感的男人在女人面前才覺得自己是個男人！

2. 成功就在「苦」中孕育

一個平凡人成為一個領域的英雄或者成為一個時代的英雄，是挫折和磨難使然，因為英雄和平凡人的區別就在於，英雄在逆境中抓住了逆境背後的機遇，在絕境中創造了奇蹟。而平凡人在逆境中選擇了隨波逐流，在絕境中選擇了放棄。成大事者不會在任何困難面前屈服，他們的生活理念是永遠熱情地工作，在每天的工作中錘煉心智。

成大事者能從生活中的小事情裡挖掘自我。挖掘自我在某種意義上也是重新塑造自我，因為每個人都想實現自己的某種願望，也許人的一生就是為了這個願望而活。挖掘自我、實現自我就是使人的雄心得到最大的滿足。正是這種雄心才使得人追求成功，得到了完美意義上的人生。

成龍出身於一個貧寒的家庭，父母是普通的上班族。成龍自幼不喜歡讀書，直到成名以後學歷仍然很低。一次為影迷簽名，影迷要求他寫上「小莉，祝新婚快樂！」一句話，成龍非常為難，因為他只會寫「小」和「快樂」三個字。就是這種教育程度，成龍居然成為集編、導、演才能於一身的世界電影巨星，這是成龍在漫長的時間裡摸索和挖掘自己優勢的結果。

成龍小時候的理想並不是當演員，他的最大興趣是練一身好武功，

中篇：四十不惑，迎接人生巔峰

當個大武術家。在他的死纏爛打之下，8歲時父親就把他送到了香港著名武師、京劇武生於占元的門下。

進了於占元辦的中國戲劇學校，成龍的興趣完全不在學戲，只是想學武功，為此經常受到師傅於占元的嚴厲體罰，但成龍毫不在乎，只要能學武，他什麼代價都願意付出。十年的工夫，成龍練就了扎實的武術基本功，並且鍛鍊出了堅強的體魄和意志。

成龍8歲時因和師傅到夜總會表演特技開始進入電影圈。他從10歲開始當小童星直到二十歲，演了不少角色，但是始終毫無名氣。

成龍攬鏡自照，認為自己屬於那種「在別人面前晃一千次也晃不出印象的人」。他對自己在這一行業裡究竟有什麼優勢，究竟該怎麼走，心裡也不是很清楚。

成龍失望地告別影壇去了澳洲。在那裡，他白天當建築工，晚上當調酒員。

後來，成龍在朋友的推薦下，在名導演羅維的片中擔任主角。影片上映後，賺了350萬港元。但成龍還是沒有紅起來。此後成龍在羅維的公司拍了九部影片，一直扮演冷面凶悍的「硬漢」形象，也一直沒有走紅。導演羅維很奇怪：「成龍功夫好，身手又漂亮，憑哪樣不走紅？」

就在羅維百思不得其解的時候，香港思遠影業公司的名導演袁和平看中了成龍，讓他主演喜劇影片《蛇形刁手》。袁和平認為成龍身材魁梧，性格粗獷，但沒有那種冷峻、剛烈的肅殺之氣，不適合演那種叛逆型的悲劇英雄，也不適合演英俊瀟灑的正面英雄形象。袁和平從成龍偶爾的展顏一笑和克敵制勝的得意神情中發現了成龍的憨厚、調皮、可愛等因素，他認為成龍扮演喜劇型的人物一定會成功。

就從袁和平對成龍進行一番分析的這一時刻起，成龍終於發現了自己是一棵什麼「樹」。袁和平慧眼識才，功不可沒！《蛇形刁手》成為成龍從影生涯的轉機，奠定了他日後走紅的基礎。即使以今日之眼光重新

第九章　成功是持續堅持，名望是逐漸累積

審視這部影片，仍不難發現其中的可圈可點之處。成龍在《蛇形刁手》中，一改冷面凶悍的「硬漢」形象，而代之以明朗、詼諧、和善、快樂的面孔，隨和、親切一如鄰家之子，深得廣大觀眾之心，受到普遍歡迎。

換個角度看成龍，成龍十全十美：功夫佳，演技好，天生的幽默細胞、喜劇色彩。原來不被圈內人看好的成龍，轉眼炙手可熱，勢不可擋。猶如平地一聲雷，《醉拳》的上映，迅速掀起了一陣狂飆！觀眾如潮湧向影院，爭睹成龍的喜劇武打片！成龍大紅特紅了，成績直追李小龍。很具戲劇性的是，人們稱他為「李小龍第二」！

這真是太有意思了。成龍成名前拳打腳踢演武打片，想成為「李小龍第二」，卻不被承認。如今他在袁和平的幫助下，立志成為自己，卻被人稱為「李小龍第二！」真有些令人無所適從！其中深含的道理，又豈是一兩句話能說得清楚的？

幸而成龍自跟袁和平拍了《蛇形刁手》後，便對自己今後的方向有了一個明確的認知，那就是要做自己，學別人、靠模仿是沒有出路的。即便是自己很佩服的李小龍，他也不會再去盲目跟從。成龍就是成龍，成龍的鼻、眼、手、腳，都是長在自己身上的。成龍又自導自演了《笑拳怪招》，十九天票房高達544萬港元，他徹底走出了「李小龍」的陰影，奠定了自己在影壇的地位。

成龍在演《蛇形刁手》之前，已經在電影圈打拚了十六年，期間，成龍結交了一批文化高、有見識的朋友，為自己出謀劃策，彌補了自己文化不高的缺點。然後在一次次的演藝實踐中，在一次次失敗中發現了自己的種種「不可能」，逐步縮小與成功的距離，終於發現了自己的優勢。

一個人成功的關鍵就在於如何挖掘和發揮自己的潛能，並實現自己的雄心。成龍就是具有這種精神的人，他在自我實現的道路上克服了失

中篇：四十不惑，迎接人生巔峰

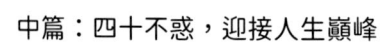

敗，走向了成功。

可見，一個人「持之以恆」奮鬥的過程，應當是一個發現並且塑造自己優勢的過程，而不應當是一個簡單機械的「鐵杵磨成針」的過程。只有那些使優勢更優的努力才是有價值的。

如何挖掘自我潛能也就是在這種雄心中實現的。這種發現也只有在社會實踐中才能完成，也只有具備百折不撓的精神才能完成。

《米老鼠》的作者華特・迪士尼是美國最負盛名的人物之一。他二十多歲時，還是個無名的窮小子，可是到了三十多歲，已是家喻戶曉的人物了。全世界的人們都熱愛《米老鼠》卡通片，在阿拉斯加的影迷甚至成立了雪屋米老鼠會。

華特・迪士尼，一個藝術創作家，藉著卡通帶給世界歡樂，他也成了巨富，而他的靈感和興趣乃是起源於生活中一隻不起眼的小老鼠。

少年時，華特・迪士尼就雄心勃勃，想成為一名藝術家。起初他到報社應徵，該報主編審查過他的作品以後，認為缺少新思想而不予錄取，這使他萬分失望和頹喪。

後來，他終於找到了一個替教堂作畫的工作。可是，報酬非常低，使他無力租用畫室，他只好借用一個車庫做臨時辦公地。這樣的生活十分艱苦，但他後來認為，這間充滿汽油味的車庫對他的影響，至少價值一百萬美金。

因為，有一天他在車庫工作的時候，忽然看見一隻老鼠在地板上跳躍，他趕緊回到家裡，帶了一些麵包屑給牠吃，漸漸地，彼此混熟了。有時候，那隻老鼠竟敢大膽地爬上他工作的畫板，並有節奏地跳躍著，這為他後來的創意提供了絕佳的素材。不久，華特・迪士尼被介紹到好萊塢，製作一部以動物為主角的卡通片。很不幸，他失敗了，不但因此窮得身無分文，並且再度失業。

正在他潦倒不堪時，突然記起了車庫裡那隻爬到畫板上跳躍的老鼠。他立刻畫出了那隻老鼠的輪廓，《米老鼠》就這麼平凡地誕生了。誰能想到在車庫裡的那隻老鼠，竟成為世界上最負盛名的影片原型。

　　總之，華特‧迪士尼設計的卡通，都有不朽的價值。華特‧迪士尼終身致力於動物卡通片事業是出於興趣，而不是為了賺錢，但他成就了自己一生的大事業。

　　俗話說：不經一番寒徹骨，哪得梅花撲鼻香。在自我實現的道路上，總是充滿了各種考驗，受挫和失敗是難免的。很多人就是在這種考驗中敗下陣來，並不是說所有的失敗都孕育著成功，成功只留給能堅持到最後的那些人。

　　沒有困難，不必製造困難；遇到困難，不要迴避困難。去積極面對，你才有機會成功，才能做出大事業。

【成熟大人有話說】

　　自古英雄多磨難。每個人都想成就一番輝煌的事業，但成就大事業並不是一帆風順的，要經過一番磨練，才可能獲得豁然開朗的境界，功成名就的業績。

3. 挫折是你的勵志之石

　　兩顆同樣的種子由於落在不同的地方，一顆長成蓬勃茂盛的參天大樹，另一顆卻長得瘦枝細葉、異常矮小。可見，環境對事物、對人的影響力不容輕視。

　　我們提倡積極進取的心態，但是在有的時候，退一步，你會發現海

中篇：四十不惑，迎接人生巔峰

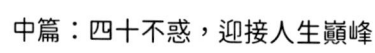

闊天空，這也是一種成功之道。就像我們不可能讓世界上的每一個人都滿意一樣，我們的生活不可能處處都是鮮花，我們的成功之路也不可能一帆風順，我們也不可能事事都比別人強。

那麼，在我們的人生不是一帆風順的時候，在我們的人生出現一些挫折的時候，在我們的面前不都是鮮花的時候，我們該怎麼辦？這時候，不妨後退一步，你會發現人生照樣美好，天空依然晴朗，世界仍是那麼美麗。

歌德是德國偉大的詩人、古典文學和民族文學的主要代表，是世界文壇璀璨星空中一顆燦爛的巨星。十九世紀中葉以來，荷馬、但丁、莎士比亞和歌德被稱為世界四大詩人。由於歌德距離我們的年代最近，因而他的詩作尤為我們時代的人們所關注。

二十三歲的年華正是青春勃發的花季，少女懷春，少男鍾情，歌德也陷於一場莫名其妙的戀愛之中。隨著與不萊梅使館祕書凱斯特納友誼的增進，歌德與他的未婚妻夏綠蒂也建立了親密無間的友誼。純潔的友誼使他們之間毫不猜疑，可是他們的關係卻摻入了不和諧音符。歌德對夏綠蒂的感情上升為瘋狂的熱情，趁這種感情還沒有演變得不可救藥，歌德採納了朋友的忠告，毅然離開了夏綠蒂。

經歷了這次挫折，回到法蘭克福之後，歌德對夏綠蒂那些令人心碎的回憶尚未淡薄，身邊發生的事情再一次衝擊了他敏感的心靈。他親愛的妹妹與施洛塞爾結了婚，隨丈夫去了遙遠的巴登的埃門丁根。他的好朋友馬克拉羅什做了商人勃倫塔諾的妻子，遷居法蘭克福。由於彼得毫無來由的嫉妒與限制，使歌德不得不中斷了他們的友誼。夏綠蒂與凱斯特納舉行婚禮時沒有如約通知歌德。這些惱人的事盤旋在歌德心頭揮之不去。此時，傳來了一個使歌德極為震驚的消息：歌德在韋茲拉爾的一個不太熟的朋友、公使館的祕書卡爾・耶路撒冷，由於對朋友的妻子產

第九章　成功是持續堅持，名望是逐漸累積

生單相思無力自拔而開槍自殺。這件事成了歌德在1747年最初構思《少年維特的煩惱》的直接起因。

這一次挫折尤其是卡爾的死驚醒了歌德。他不再沉溺於與夏綠蒂相戀的往事，從愛的熱情中走了出來。歌德平靜地觀察了他與卡爾共同的經歷，帶著巨大的心靈震盪投入創作。他謝絕一切來訪，排除一切心靈的干擾，集中思緒，總結和歸納了最近身邊所發生的一切青春期情感的躁動和新的生活體驗。在這種集中精力的封閉環境中，歌德調動了所有的累積，用四週時間完成了《少年維特的煩惱》，在這之前他沒有任何寫作提綱和草稿。

1774年秋季書展，《少年維特的煩惱》出版並引起世人的矚目。開明的知識界對這本小書的歡迎成了德國文學史上空前轟動的事件。小說向大眾坦述了一對年輕人平凡的愛情故事。維特具有青春期年輕人特有的深刻、純真的對愛情的真正感受力，他因為沉溺感情而逐漸走向死亡，正是闖入維特心中種種不幸的熱情，尤其是一種無比強烈無法排遣的愛情，最後導致他神經錯亂，用手槍擊穿了自己的頭。這個感傷的故事不僅告訴了讀者真實人生的質樸面貌，而且切中了當時時代的主流。

與傳統不同的是，《少年維特的煩惱》對自殺進行了全新的詮釋。自殺，歷來被看成是一種罪過，而歌德卻在《少年維特的煩惱》中把它當作致人死命的不治之症加以諒解。這種看法大眾接受了，因此維特的自殺喚起了人們的諒解、同情甚至支持。維特的行為也是對社會環境的批判，正是因為他對職守和社會所採取的否定態度，才激發了厭世情緒，在這個大背景下，《少年維特的煩惱》成為對當時統治勢力抗議的象徵。這不是歌德創作的本意，但是小說的確意義深遠，絕不僅僅只是簡單地記錄了那個時代的某一事件。歌德在此書中淋漓盡致地表現了個性和整體必然進程中的悲劇性衝突，比《格茨・馮・貝利欣根》更具典型性。感情豐富、心理純真的人和世界的不協調導致了悲劇人物的誕生。他失敗了，是因為感情過於豐富及天性所致，但他並無過失。

中篇：四十不惑，迎接人生巔峰

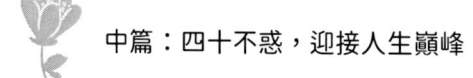

這部作品使歌德成了當時德國最負盛名的作家，那年他僅僅二十四歲。他受到了許多同時代人的愛戴。許多知名人士與他結交，他們真切地感到，歌德是個靈性十足的天才詩人。

所以說，人生在世，不如意的事情肯定會有，因為世界畢竟不是你一個人的世界，造物主不可能把所有的好事都攤到你的頭上，也要適當考驗考驗你，看看你在不順的時間會是什麼樣子。如果你反應過激，他還會繼續考驗你，直到你能以一種平和的心態去看待、對待一時的不順或者挫折，它才甘休。

【成熟大人有話說】

以一種平和的心態去看待人生的不順和挫折，並非是一種消極的心態。有時候，你後退一步，尋找到一種海闊天空的人生境界，這也是一種成功之道。

4. 沒有人天生是領袖

一個男人要成功創業，必須得到別人的支援和幫助，還需要別人的配合，而要想得到別人的支援、合作，你必須具有相當的管理才能，具有領導的才能。

沒有人天生是領袖，沒有人天生就具有出色的管理才能。領袖的素養和管理才能是透過後天的努力和學習學來的，它是可以透過培養獲得的。

管理才能與你的「領袖氣質」與出色的管理能力是不能分開的，它們如影相隨。因為這種素養和能力能夠使你做出本來你不會做或無法做的事情。

那麼，怎樣培養我們的領導才能和管理才能呢？也就是說，如何使別人樂於和我們合作，支持與幫助我們成功呢？要做到這一點，你必須成為一個受別人歡迎的人。

要讓自己成為一個受歡迎的人，一味地取悅別人並不是最好的方法，關鍵是要培養你的特質。

如果你只是一味地取悅別人，可能會暫時討人喜歡，但不可能長久，因為你在討人喜歡的過程中失去了你自己。因而，過一段時間，你可能會發現，你的交往範圍擴大了，而你自己卻感到越來越孤獨。所以，以失去自我為代價去取悅別人而讓別人喜歡你，並不是最好的方法，你必須真正喜歡你自己真正的樣子，這是使自己成為一個受人歡迎的人的基礎。

要使自己成為一個受歡迎的人，正確的辦法就是培養自己喜歡的特質，即你所以是你自己的特殊的東西。這些特質對你而言是相當珍貴的。如果你真的希望某個人做你的朋友的話，他就應當喜歡你的這些特質。你只是為了這些特質和你自己而培養，千萬不要為了給別人留下某種印象而去迎合別人。那樣的話你不但會失去成功的機會，還會失去你想要的一切。

對我們而言，應該培養哪些特質呢？

①學會如何獨處。你可能覺得驚訝，但這與如何受別人喜歡並不矛盾。一個人如果不能和自己好好相處的話，還能期望別人什麼，又怎麼能期望別人好好和你相處呢？

②培養一種能將別人視為一個獨立個體的能力，並欣賞這種個別差別。要討好別人，得先學會怎麼讓別人討好你。我們每個人都有不同的特點足以讓人尊敬和欽佩，但你只有找出每個人獨特的地方，否則你很

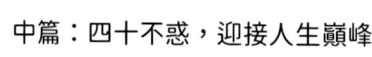

難欣賞別人的特點。

③培養你的享樂能力。放慢自己的腳步，好好品嘗一下自己所做的事情，同時，盡量讓自己參與周圍發生的事情。

因為你如果事事都做旁觀者，你就會覺得自己並不重要，周圍的事情也不重要。然後，期待一切愉快事情的發生，如果真的發生了就好好慶賀一番，繼續強化你愉快的感覺。不要譏諷任何人。如果你事事譏諷別人，你可能就會覺得世界上的人都是以自我為中心，都只顧自己的利益，而且會認為世界上沒有一個人是真誠的、寬容的。每個人都想占別人的便宜，一點也不想付出。比譏諷本身更糟的是，你得繼續用譏諷掩蓋你的這種違反道德的行為，直到你對整個世界、整個人類都嗤之以鼻。

④對你重要的事情，如果你和別人持相反的意見，就準備面對他們。這對你了解自己的目的和別人的認同很有關係，也讓別人知道你具有堅強的信念和強烈的感覺。如果你沒有珍重特質的話，你很難成為一個受人喜歡的人。

⑤嘗試培養感受別人的經驗和關懷別人經驗的能力。

⑥學會分享朋友的快樂。

⑦你是自己創造的，所以你可以把自己塑造成理想的自我。

做到了以上這幾點，你就能成為一個受別人歡迎的人。儘管這與我們要培養的管理才能與領袖氣質仍有一定的距離，但起碼為其打好了一個良好的基礎。

下面幾個方面可以使我們盡快地培養起自己的領導才能：

①跟那些你想去影響的人們交換意見。這是使別人比如你的同事、

朋友、顧客、員工依照「你所希望的那種方式」去做的祕方。

②考慮問題盡可能地周到，處理事情的時候要多思考還有哪些不符合人性的地方。人人都用自己的方法來領導別人，但是總有一種最好的、最理想的符合人性的方法。

③盡量追求進步。相信自己和別人還可以進步，更要推動幫助進步的行動。在每一個行業中只有精益求精的人才能夠不斷地升遷。唯有不斷地加強自身學習，與時俱進，認識到自己的不足，才能不斷地加以提高。

④騰出一點時間和自己交談、商量或從事有益的思考。領導人物都特別忙碌，事實上也是如此，他們真的很忙，但是我們常人常常忽略的一點是，領導人物每天都要花許多時間來單獨思考。無法忍受孤獨的人，竭力使自己的大腦中一片空白，他們盡量避免動腦筋，在心理上自己已經被自己的思想嚇壞了。這些人會隨著歲月的流逝而變得心胸狹窄，眼光日益短淺，行為也會變得幼稚可笑，當然不會有堅忍不拔、沉著穩健的作風。忽略了自己大腦的思考能力的人不可能成為一個出色的管理者和領導者。

領導階層和管理階層最主要的工作就是思考，邁向領導之路的最佳準備也是思考。因此，希望你每天都能抽出一定的時間練習合理的單獨思考，並且多朝成功的方向去思考。久而久之，你就會發現，你自己已經培養起了你的領導氣質，你的管理者的才能。這時候，你距離成功就越來越近了！

中篇：四十不惑，迎接人生巔峰

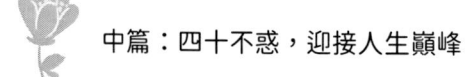

> 【成熟大人有話說】
>
> 　　沒有人天生是領袖，沒有人天生就具有出色的管理才能。領袖的素養和管理才能是透過後天的努力和學習學來的，它是可以透過培養獲得的。

5. 好上司的十一個要領

　　樹立領導人的某種標準是不可能的，因為每個人都有自己無與倫比的獨特作風。可是仍然存在著某些準則，在工作中遵守這些準則，對任何行政人員都有幫助。毫無疑問，淵博的學識和不斷的創新是事業成功的基礎。然而，把一個概念變為成果，離開他人的合作，任何人，無論是偉人還是凡夫，都無法實現。領導者與下屬合作得是否愉快且卓有成效，完全取決於你與他們相處的能力。以下的十一條準則將會對你有所啟發。

(1) 理解與人為善的藝術，給下級提供發展的機會

　　我們在某方面培訓人時，實際上，就是在更大的範圍內為他們打開了機遇大門，以開發他們還未利用的能力、技巧、資質和智慧。你使人超越自我成為可能。你給人一項任務，他在完成時，運用了新發現的能力，這樣你就幫助了他發展自我。你和他共用其樂趣。反過來，也使其增強了自信心，以便今後在前人沒走過的路上迎接更大的挑戰。如果他跌倒了，你就去指導他，使他能重新爬起來，鼓勵他去克服他對第二次失敗的恐懼。

(2) 不要傷害工作人員的自尊心

在每個人的脖子上都有個無形的胸卡，上面寫著「讓我感到我的重要」。這句話揭示了與人相處的關鍵所在。其意思是說，我們每個人都要求得到承認。我們有情感，希望被喜歡、被愛、被尊敬。做為一個人，有我們特有的抱負、渴望、理想和敏感。你的下級會說：「我沒有你那麼高的權威，沒掙你那麼多錢，沒有你那麼大的房子和受過那麼高的教育；但和你一樣，我們也是人。」所以，你不得不考慮時刻照顧下級的自尊。

實現真正的寬容，要按某種方式和同事工作。你可以要求所有的人都制定自己的工作目標，即每個人都積極參加自己目標的制定過程。一旦開始實施，人們就要知道做什麼，怎樣做。如果執行得不好，如拖遝、怠慢，你就應以適當的方式，及時向有關責任者指出。切不可拖著不處理，也盡量不要傷了對方的面子。

向他們請教，他們會很驕傲地描述他們的工作，顯示他們的技藝。既可以讓他們感到被重視的欣慰，覺得你平易近人，你也能學到許多新鮮的東西。

(3) 千萬別吝惜你的讚揚

許多人害怕讚揚人。他們擔心讚揚不當會顯得牽強附會，誇大其詞或者表面化，但是我們同時要知道：人不僅以麵包為生。每人都需要表揚和承認業績。研究工作緊張程度的專家漢斯·瑟爾耶發現，承認一個人的業績比給他權力和財富更重要。這個認識似乎很簡單，但是要張口承認別人卻不容易。批評別人的人，同時為自己樹立了敵人；承認別人的人，同時改善了自己的處境。

世上最簡單的事是指責別人。可惜我們的年輕人接受了這方面系統

化的教育。能指責被看成是優點。但什麼是難做到呢？改進！

讓我們回到實踐和分析中：

您承認您的雇員的成績、優點和積極的一面了嗎？您公開表達了您的態度了嗎？您是否經常這樣開始自己的講話：

「我很喜歡您這樣做……」

「真棒……」

「這是一件精心完成的工作……」

「您的想法真是好極了……」

「專家畢竟是專家嘛……」

「和往常一樣無可指責……」

「你做得好……」

「這件事成功了……」

「您做得越來越好了……」

這些讚揚溝通您和他的情感，幫助您打開他人的心扉。最美和最簡單的讚揚是「謝謝」。您注意一下，善於待人處事的人經常表示感謝。在有些國家感謝的話比我們說得更經常。

請記住：「謝謝」和微笑是魅力的支柱！

(4) 別做「勢利」小人

個別主管喜歡搞兩面派行為：對下級一副面孔，對長官又是另一副面孔。須知，群眾的眼睛最亮，你要得到別人的認可，只能靠真誠和能力；否則，即使偶爾得勢，別人也瞧不起你。

(5) 不斷提高自己的能力

別懼怕新事物。如果起草一份報告或計畫，用手寫，而不能使用電腦，那麼你就顯得跟不上時代的發展了。如果經常有涉外業務，你就不得不學習外語；而取得駕照，──旦外出，會顯得更加方便。

(6) 注意彼此溝通

不善於聽取意見是領導人的職業缺點。因此，你要學會聽取意見，甚至不要用諸如「簡短些！」這樣刺激性的話語打斷話多的工作人員。

請信任那些值得信任的人。如果一個人認真地完成受託的事情，不要用過多的提醒和指示使他難為情。請讓他有機會安安靜靜地不受「干擾」地工作。

要及時地向下級通報自己的設想和計畫。這會在集體中建立共同努力、信任的氣氛，有助於集體高高興興地去實現你的設想。

實踐證明，把某些領導的權力授予下級人員的做法會改善集體的精神面貌，使人產生不辜負所受到信任的欲望，有助於更充分地挖掘工作人員的潛力。好的領導人應當多多地承擔所犯錯誤的責任，盡可能少地接受表揚。

(7) 用建議的口吻下達命令

人們大多數是不喜歡被人呼來喚去的。與其用命令的口吻來指揮別人做事，倒不如採取一種商量的方式，「你可以考慮這麼做嗎？」、「你認為這麼做行嗎？」這樣的建議性指令方式，將使你的雇員有一種身居某個主要位置的感覺並對問題有足夠的重視。

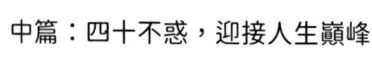

(8) 巧用「高帽子」

這裡所指的戴「高帽子」，並不是人們常理解的那種不切實際的誇大。它是一種讓員工重新重視自己，提高自信的有效激勵方式。

(9) 將下屬的名字常掛在嘴邊

千萬別小看這個方法所造成的效應，特別是在一些大的部門中，主管記住了下屬的名字，對員工們來說就是他們心理上的滿足，精神上的激勵。

(10) 奉行「重擔子」主義

人的工作情況必須在能力之上，這是東芝公司總裁土光敏夫的一句箴言。挑戰性的工作會讓參與其中的人在體力與心智上都得到一次鍛鍊，進一步培養超人的自信。

(11) 提供成功的機會

人們常說，一個失敗者的出路有兩條：一是成為更輝煌的成功者，二是成為一個出色的批評家。不可否認失敗是教訓的擁有者，你若給他們一個成功的機會，他們就會將這些教訓轉化為終生的財富。

【成熟大人有話說】

領導者與下屬合作得是否愉快且卓有成效，完全取決於你與他們相處的能力。

6. 成功管理就是激勵下屬

美國鋼鐵大王卡內基死後，人們在這位傑出的企業家的墓碑上鐫刻了這樣幾行字：

這裡安葬著一個人

他最擅長的能力是

把那些強過自己的人

團結到他服務的管理機構之中

人們之所以要如此讚譽卡內基，是由於他生前的不忌才、不疑才、肯啟導人、栽培人、獎勵後學、仁人愛物，由一個對鋼鐵生產知之甚少的人成為了美國乃至世界上的鋼鐵大王，變成了「商賈中之王者」。正因為卡內基在用人、管理方面如此出色，在他的「機構」裡，智者為之竭其慮，能者為其盡其才，賢者為之盡其忠，愚者亦為之陳其力。卡內基信任依賴他一手組織起來的智囊團的「集體智慧」，點「鋼」成金，成為一代巨富。

所以，人們對卡內基的讚美，與其說是對其財富的讚美，不如說是對其出色的管理才能的讚美。從此我們也可以看出，每一個成功人士都是傑出的管理人才，他們的成功創業，在很大的程度上，應歸之於他們的管理和領導才能。

著名企業家、管理大師艾柯卡曾經說過：「一個經理人能夠有效地激勵他人，便是很大的成績，要使一個公司有活力有生氣，激勵就是一切。你也許可以做兩個人的工作，可是你成為不了兩個人，你必須全力以赴，去激勵另一個人，也讓他激勵手下的人。」

艾柯卡的這段話道出了創業過程中管理工作的本質所在。正如我們

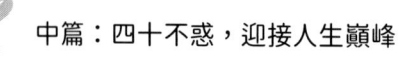

在前面所說的，一個人可以取得一些局部的小的勝利，但要成功創業，要取得最後的全域的勝利，這絕對不是你一個人單槍匹馬所能完成的。所以，懂得怎樣用有效的態度和悅人心意的手法去激勵別人，這是十分重要的。

那麼，下面這些方法能夠使你達到激勵別人的目的：

◆ 充分肯定下屬的出色工作

如果你的下屬們完成的工作品質非常出色，而身為管理者的你卻從來不去注意，他們很快就會覺得實在沒有必要如此地賣力工作，畢竟這項工作完成得一般還是出色與他們的關係並不是十分密切，於是，下屬們的工作品質就會慢慢地下降。更重要的是，你的下屬們會認為是你將他們的工作成果全部據為己有，你成了一個「摘桃子」者。這時，你的下屬心裡會想，你始終不提我們工作得出色，還怎麼可能會向上司反映我們的成績呢？總之，你作為一個公司的管理者，就有必要也有義務讓你的下屬們知道你是一名有勞必酬的管理者。這是一種最好的激勵方法。

◆ 讓下屬承擔富有挑戰性的工作

我們每一個人都喜歡表現自我、超越自我，都希望在原來的基礎上取得新的成就，更上一層樓。那麼，你的下屬也一樣。對於你的下屬來說，從你那裡接受挑戰性的工作可以使他們非常清楚地意識到自己肩上擔子的分量。正是接受挑戰性工作本身的這種緊迫感和責任感而不是工作本身，使得你的下屬今後得以成功。工作中的挑戰性是非常重要的，它能夠激發一個人的工作熱情，激勵你的下屬在今後的工作中更加勤奮努力，從而對自己樹立起堅定的自信心，獲得事業的成功。這一點無論是對你的新下屬，還是老員工，都是如此。

◆ 恢復下屬的自信心

你的下屬怎樣才能在工作中樹立起自信心呢？世界著名的心理學家艾瑞克森的解釋是，一個人的自信心，最終的形成與確定需要兩個條件：首先要有一個緊迫的環境，其次要有一個「化險為夷」、度過「危機」的結果。換句話說，一個人的自信心的獲得是在一次又一次度過危機的過程中實現的。他同時指出，一個人自信心的提高，會使我們對自我的掌控能力加大，這種自我掌控能力是一個人對自己準確評估與預見的能力，它會在人的內心產生一種能動的力量，促使個人向完善發展，並且因而掌握一個企業正確的途徑。

◆ 在工作中多褒少貶

一個出色的、精明的管理者，不會在一些小事上對自己的下屬「橫挑鼻子豎挑眼」，而是應該採取一種寬宏豁達的態度，讓下屬在犯了錯誤做了錯事之後盡快地了解自己的錯誤而不是打擊他們的自信心，給予他們時間去爭取下一步的勝利。

◆ 不要無謂地非難你的下屬

在公司管理工作中，對於下屬的失敗，假如你熟視無睹，不加以斥責的話，就有可能使下屬缺少警惕性，很可能還會重蹈覆轍。為了使你的下屬不被同一塊石頭絆倒兩次甚至多次，你一定要深究造成失敗的原因，促使他自己進行深刻地反省，所以，斥責犯了錯誤或者失敗了的下屬是對的。但是，斥責不意味著你就可以去非難他，斥責和非難這兩者之間的區別是顯而易見的。從對象的角度和心理去考察，「非難」帶有明顯的攻擊意味，而攻擊下屬的失敗，結果只能使他們產生——種逆反心理，使得批評的效果大打折扣。而你若是通情達理、體貼下屬的話，你

就應該斥責他，下屬並不會因此而懷恨在心的，因為正確地運用批評的武器也是一種激勵手段。

◆ **讓你的下屬有歸屬感**

從管理者和組織的角度來說，一個有著主角意識的員工，一定是深愛著自己的工作、自己的部門、自己的公司，對組織有著巨大的獻身精神的人。而從員工本身的角度來看，主人翁意識意味著他們有權對自己的工作以及與之有關的其他事情做主。主角精神就是一種創造性的精神，它要求人們運用自己的判斷力，去解決組織所面臨的困難和問題，用自己的自豪感、自信心所煥發出的巨大熱情去創造一個又一個奇蹟。

隨著社會的發展，人們的生活節奏不斷加快，競爭的壓力也越來越大，這已成為一個不能迴避的現實。即使在一個公司內部，競爭也無處不在。所以，作為一個管理者，你就要設法使公司內部的競爭朝著良性的方向發展。

一個團隊就是一個大家庭，或者說是一部機器，而每個成員都是機器上的一個組成部分。作為管理者的你，就是要想方設法使這架機器正常運轉，只有這樣，你的團隊才會有無窮的活力。

【成熟大人有話說】

一個男人最大的本領是把那些強過自己的人拉攏到他服務的管理機構之中。

第十章
調整心態，堅信自己

不要因年齡越來越大而向人生做出更多的妥協，要相信自己，任何時候都可以重新再來。在人生的倦怠期、困惑期和衰老期，都要懂得及時調整自己的心態。當你認為自己還很年輕的時候，你就可以做到很多年輕人才能做到的事。

1. 沒有糟糕的事情只有糟糕的心情

生活中免不了會發生一些不如意的事情，但這些不如意的事也正是生活賜予我們的考驗，我們要懷著一顆樂觀的心勇敢地去面對它。

遇到倒楣的事還不是最倒楣的事，最倒楣的事是倒楣之後壞心情趕都趕不走。

中篇：四十不惑，迎接人生巔峰

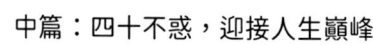

「兩個人從監獄的鐵窗往外看，一個人看見爛泥，一個人看見星星。」同是從監獄的鐵窗看外面，兩個人看到的事物卻完全不同，根本原因是他們的人生觀不同。

一位軍人的妻子，到位於沙漠的軍營裡去探望丈夫，她無法忍受軍營枯燥乏味的生活，寫信回家向自己的父親訴苦。父親便在回信中寫了以上這句話，她的生活觀也因之改變。這句話道出了一個處世之理：人應該對生活充滿信心，特別是處於困境中的人，更不能悲觀，應該積極而樂觀地面對生活中的一切困難與挑戰。

悲觀，讓人無法走出往日痛苦的陰影，使人們迷失在舊日的失敗中無法自拔，在挫折面前一蹶不振，磨掉了人們的銳氣與自信，無法再面對未來的挑戰。而樂觀展現的是一種自信、積極的人生態度，凡是樂觀的人都是很自信的人，無論在何種艱險困苦的境地中，他們都不會失掉自信。他們總是努力不懈，永遠不會動搖，最終轉敗為勝，化不幸為幸運。積極樂觀的人能夠正確分析自己目前所處的情境，正視自己目前所面臨的困境，並積極想辦法，迅速採取對策，以盡快走出困境。

樂觀者與悲觀者最大的區別在於：樂觀者能夠在每次危難中看到機會，而悲觀的人卻在每個機會中都看到了危難。

有一對孿生兄弟，哥哥性情悲觀，而弟弟卻很樂觀。

一天，父親買了很多色澤鮮豔的新玩具，悲觀的哥哥沒什麼反應，樂觀的弟弟吵著要玩。

父親對哥哥說：「你看，這些玩具都是買給你的，拿去玩吧！」又對弟弟說：「你跟我來。」

弟弟以為父親會給他更好的玩具，高高興興地跟著父親走。誰知，父親把他帶到一間堆滿馬糞的車房裡，說：「你就在這裡玩吧！」

第十章　調整心態，堅信自己

過了一會兒，父親偷偷來到哥哥的房間，希望看到大兒子正在高高興興地玩玩具，可是他卻發現大兒子正在抹眼淚……

父親問：「你不喜歡這些玩具麼？」

哥哥哭著說：「喜歡，可是我怕玩壞了！」

父親嘆了口氣，安慰了大兒子幾句，忽然想起車房裡的二兒子。他想看看二兒子在做什麼。父親來到車房，看見弟弟正高興的在馬糞裡掏著什麼。

父親問：「孩子，你在找什麼呢？」

二兒子故作神祕地說：「噓！說不定馬糞堆裡還藏著一匹小馬呢！」

白紙上有一個黑點，樂觀者看到的是一張留有很多空白足夠利用的紙，悲觀者卻只看到了紙上的黑點。

貝多芬和他的樂曲《命運》為我們大家所熟悉。面對著生活帶給他的巨大不幸——失聰，他並沒有被打倒，沒有退縮，而是憑著自己堅強的意志，樂觀地向命運挑戰，為我們留下了不朽的名曲，也為我們展示了一個偉大、樂觀、不屈的形象。

海倫·凱勒，美國聾啞女作家和教育家。她出生 19 個月後，就因為一場大病而成了一個盲聾啞的身心障礙者，但她卻說：「我發現生命是這樣美好。」身處困境的她看出了生活的美麗，感悟到了生命的價值和真諦，她一生所取得的成就給了我們深刻的啟迪，正是樂觀賦予了她生活的勇氣，她以不屈的意志和勃然的生機戰勝了厄運。美國著名文學家馬克·吐溫曾說：「19 世紀有兩位偉大的人物，一位是拿破崙，一位是海倫·凱勒。」

積極樂觀值得大家提倡，然而生活中總有消極悲觀的人，他們整天愁眉苦臉，遇到一點困難，生活稍有挫折，就抱怨命運不公，就不求進

取，甘願墮落甚至自毀自滅。這些人是生活的弱者、是懦夫。他們不願吃苦，貪圖安逸，總是生活在美好的幻想當中。

尼采曾說：「受苦的人，沒有悲觀的權利。」由此我們想到：地震時，人們沒有喊暈的權利；失火時，人們沒有怕燻的權利；戰場上，沒有怕死的權利。只有不喊暈的人才能安全逃離危樓，只有不怕燻的人才能從火海逃生，只有不怕死的戰士才能取得勝利。同樣，面對苦難時做到不悲觀，樂觀向上的人，才能克服困難，最終脫離困境。

【成熟大人有話說】

只要我們樂觀地去面對生活中的一切困難，就能很快戰勝困難並走出困境。

2.「錢眼」是個「死巷」

人活著不能沒有錢，這是毋庸置疑的。真正想做點什麼事業的人都應該先以解決溫飽為前提。否則，實現理想難於上青天。然而，錢又不是萬能的，有錢不代表擁有一切。

其實，金錢的存在在交易中是一等重要的，擺在首位的，但是在整個生活中，它不能超過人生的十分之一，即使這十分之一是絕對必然的存在。

如果你曾經為失去錢財而後悔不已，那麼看看這個世界上金錢到底排第幾吧。

首先，在要錢還是要命的選擇上，正常人都會選擇後者。生命和健康比金錢更重要。

第十章　調整心態，堅信自己

耶穌在《馬太福音》十六章說：「人若賺得全世界，賠上自己的生命，有什麼益處呢？人還能拿什麼換生命呢？」所以，毫無疑問，生命比錢重要得多。而人們在生活中卻很容易忽視這一點而被很多金錢陷阱所迷惑，為了賺錢而做出荒唐的舉動，拿自己的生命開玩笑。這樣的人終究會有為此而後悔的時候。

也許，你的身邊不乏這樣的人：為賺錢而打兩三份工。也許當你問他生命和金錢哪個重要時，他還是會毫不猶豫地選擇前者，但是行為都是相悖的，不在乎健康、不珍惜生命。

其次，真愛比錢重要。之所以說是真愛而不說愛情，因為愛情的種類太複雜了，那種永遠把自己看得比對方重要的人也是會談戀愛的，在他們的眼裡，愛情也許並沒有多大價值，不過是生活的基本組成而已。

我們說真愛比金錢重要，是因為再多的錢財也不一定能買得到真正的愛情。真愛，是不以物質財富的多少來衡量對方的價值的，它是善良的人心中永恆的追求與嚮往。

為了錢的問題而分手的人，也許在某年某月的某一天，自己吃了錢的虧的時候才會幡然悔悟。

再次，親情比錢重要。也許很多人從小沒有完整的家庭，所以對於親情會看得很淡。但是不管自己的成長經歷如何，有一個事實是誰也無法抹殺的：那就是有父母才有我們。生命是如此的寶貴，而對於賜予我們生命的人更應該抱一顆感恩的心。

傑尼是一家醫療機構急救中心的工作人員，經常會接到出車去急救地點搶救人的工作。有一次他碰到選擇一件事情。他說，他到一個心臟病發作的人家作急救，那人的房子之大是他從來沒有見過的。他們到了以後就馬上衝進去救人，一衝進去，發現一位老先生躺在地上，他四個

中篇：四十不惑，迎接人生巔峰

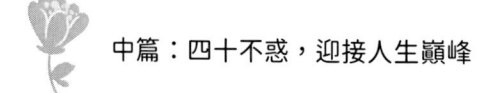

孩子都站在一旁作壁上觀，他們哪有關心？四個孩子只在旁邊冷漠地看著他們施救。為什麼自己的父親已經這麼危險做兒女的卻不聞不問？原來，這位父親愛錢如命，一直就是個守財奴，和四個孩子關係冷淡——他走了他們就好過了。

這個真實到讓人心寒的悲劇帶來怎樣的啟示？

當一個人眼裡只有金錢沒有親情的時候，親人也會變成一種單純的稱呼。沒有關心和愛護，錢依舊只能帶給自己冰冷的感受。

如果我們還要再講，還有很多很多。世間有好多的東西真的比錢財更重要！任何時候，作為兒女，家人更重要；作為夫妻，對方更重要；作為兄弟手足，親情更重要；作為上班族，健康更重要。

之所以有那麼多的人會因為金錢而做出令自己後悔的事，是因為人的心中有貪念和過於強烈的自我意識。一個人要是知道上天今天賜給我們的，就是我們最好的，你就不會貪心。一個人如果能夠真的知道活著有永恆的價值，而不是今天開什麼車子，住什麼房子，用什麼牌子，他就沒有理由不開心。

【成熟大人有話說】

永遠牢記這一點：錢不是人生中最重要的。

3. 自我治療焦慮和憂鬱

當愁眉苦臉無濟於事時，請調整自己的心態，樂觀自信一些。笑對一切困難並戰勝它們，才能走向成功之路。今天，你鬱悶了嗎？假如你心情憂鬱，那麼請記住這位著名企劃專家的話：「用快樂的微笑打掃你憂

鬱的心情吧！」

但凡成大事者，都把「笑對人生，快樂生活」作為自己的座右銘，這種積極快樂、熱愛生活的態度，使他們的生活充滿生機與陽光。

有這樣一個小故事：

有一位老先生，得了病，頭痛、背痛、茶飯無味，委靡不振，他吃了很多藥，也不管用。這天聽說來了一位著名的中醫，他就去看病。名醫診斷一番後，給他開了一張藥方，請老先生去按藥方抓藥。老先生來到藥鋪，對賣藥的師傅遞上藥方。師傅接過一看，哈哈大笑，說這方子是治婦科病的，名醫糊塗了吧？老先生趕忙去找醫生，醫生去遠方出診了，說要一個多月才能回來。老先生只好帶著藥方回家。回家路上，他想糊塗醫生開糊塗方，自己竟得了「月經失調」的婦女病，禁不住大笑起來。

之後，每當想起這件事，老先生就忍不住要笑。他把這事說給家人和朋友，大家也都笑翻了。一個月後，老先生去找醫生，笑呵呵地告訴醫生方子開錯了。醫生笑著說，是故意開錯的。老先生是肝氣鬱結，才引起精神憂鬱及其他病症。而笑，則是他為老先生開的「特效方」。老先生這才恍然大悟──這一個月，老先生光顧笑了，什麼藥也沒吃，身體卻好了。

笑，對一個人的生活有著很大的影響。它關係著我們的健康，我們的心情，我們與他人的溝通，我們事業的成敗，我們生命的意義。這使人想到一些關於樂觀人生的名家名言。

印度大文豪泰戈爾說：「世界上的事情最好是一笑了之，不必用眼淚去沖洗。」

英國詩人雪萊說：「笑，實在是仁愛的表現，快樂的泉源，親近別人的橋梁。有了笑，人類的感情就溝通了。」

中篇：四十不惑，迎接人生巔峰

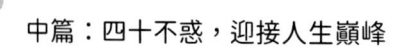

英國戲劇家莎士比亞說：「善說笑話的人，往往有先見之明。心裡最好常有快樂，如此就能防治百害，延長壽命。」

開心地笑，這是青年人應該有的生活態度。我們忙忙碌碌地生活在這個世上，每天都承受著巨大的生存壓力：我們要維持自身和家庭的生活水準不至於太低，我們要時時提防天災人禍的發生，我們面對著生老病死的困擾，我們要和形形色色的人打交道……如果我們不懂得調節自己，苦惱、憂愁、煩躁、憤怒、痛苦……這些不良的情緒就會嚴重地損害我們的身體和精神。經常保持愉快的心情，笑口常開，是極有益於身心健康的。笑，使肌肉變得放鬆，身心在極度放鬆的狀態下，很難引發焦慮。只要你笑，就多一份覺醒，對這個世界更有安全感，世界也會分享我們的感覺。

笑的修養，也是人品的修養。強顏歡笑，皮笑肉不笑，甚至不懷好意的奸笑，得意忘形的狂笑，溜鬚拍馬的諂笑……這些雖然也稱為「笑」，卻不是我們所需要的。那些低級下流的黃段子，那些幸災樂禍的「黑色幽默」，那些誹謗他人的「帖子」，也是為「真笑者」所不齒的。

「愉快的笑聲，是精神健康的可靠代表。」讓我們記住：笑對一切，樂觀生活，用微笑和樂觀的心態來面對人生，每一天都會快樂而充實。要快樂地生活，就要學會擺脫繁雜生活的束縛。一身輕鬆，心情才會更好。樂觀的態度是戰勝困難走向成功的法寶。

古人早就指出：「世味濃，不求忙而忙自至。」所謂「世味」，就是塵世生活中為許多人所追求的物質享受、為人欣羨的社會地位、顯赫的名聲等等。今日的青年人追求的「時髦」、「新潮」、「時尚」、「流行」，也是一種「世味」，其中的內涵說穿了，也不離物質享受和對「上等人」社會地位的尊崇。這種「世味」一濃，人就會像被鞭子抽打的陀螺，或拚命打

工，或投機鑽營，應酬、奔波、操心……你就會發現自己很難再有輕鬆地躺在家中床上讀書的時間，也很難再有與三五好友坐在一起天南地北聊天的閒暇。你忙得會忽略了自己孩子的生日，你會忙得很難陪父母敘敘家常。

「只有簡單著，才能快樂著。」不奢求華屋美廈，不垂涎山珍海味，不趕流行，不扮貴人相，過一種簡樸素淨的生活，一種外在的財富也許不如人、但內心充實富有的生活，這是自然的生活，有勞有逸，有工作著的樂趣，也有與家人共用天倫的溫馨，自由活動的閒暇，還用去忙裡偷閒嗎？「世味淡，不偷閒而閒自至。」與其在意失去了多少，還不如在意自己獲得了多少。

【成熟大人有話說】

俗話說：「愁一愁，白了頭」、「笑一笑，十年少」。最好的自我調適方法，就是笑。

4. 自信自有衝天力

蕭伯納說：「有自信心的人，可以化渺小為偉大，化平凡為神聖。」人生中的堅韌、進取、勇敢、耐心、「野心」等一切美德，都來源於自信心。有人說過：「自信是成功之祖。自信會增強人的才能，使精力更加旺盛，同時也能使生命中許多美德得到發揚。」經歷困難而不屈不撓、百折不回、屢敗屢起，不是自信心做基礎，又怎麼可能這樣？

哈佛大學的一位教授主持了一個有趣的實驗，實驗對象是三群學生與三群老鼠。

他對第一群學生說：「你們很幸運，你們將和天才白老鼠同在一起。這些白老鼠相當聰明，牠們會到達迷宮的終點，並且吃許多乾酪，所以要多買一些餵牠們。」

他告訴第二群學生說：「你們的白老鼠只是普通的白老鼠，不太聰明。牠們最後還是會到達迷宮的終點的，並且吃一些乾酪，但是不要對牠們期望太高，牠們的能力與智力都很普通。」

他告訴第三群學生說：「這些白老鼠是真正的笨蛋。如果牠們能找到迷宮的終點，那真是意外。牠們的表現或許很差，我想你們甚至不必買乾酪，只要在迷宮終點畫上乾酪就行了。」

之後六個星期，學生們都在精心地從事實驗。「天才白老鼠」就像天才人物一樣地行事，牠們在短時間內很快就到達了迷宮的終點。你期望從一群「普通白老鼠」那裡得到什麼結果呢？是的，牠們也會到達終點，但是在這個過程中並沒有寫下任何速度紀錄。至於那些「愚蠢的白老鼠」，不用說，牠們中只有一隻最後找到了迷宮的終點，但那可以說是一個明顯的意外。

有趣的事情是，根本沒有所謂的「天才白老鼠」和「愚蠢白老鼠」之分，牠們都是同一窩白老鼠中的普通白老鼠。這些白老鼠的成績之所以不同，是參加實驗的學生態度不同而產生的直接結果。簡而言之，學生們因為聽說白老鼠的「智商」不同而採取了不同的態度，而不同的態度導致了不同的結果。學生們並不懂得白老鼠的語言，但是白老鼠懂得態度，因而態度就是語言。

人生的法則就是信念的法則。在「運氣」這個詞的前面應該再加上一個詞，就是「勇氣」。相信運氣可支配個人命運的人，總是在等待著什麼奇蹟的出現。這種人只要在床上稍稍躺一下，就會夢見中了大獎或者是挖到金礦；而那些不這樣想的人，就會依據個人心態的趨向為他自己的

未來去不斷努力。

依賴運氣的人常常滿腹牢騷,只是一味地期待著機遇的來臨。至於那些有主見、自信的人知道,唯有信念方能左右命運,因此他只相信自己的信念。

在別人看來不可能的事,如果當事人能從潛在意識中去認為「可能」,也就是相信可能做到的話,事情就會按照當事人信念的強度如何,從潛意識中激發出相應的力量來。所以有時即使表面看來不可能的事,這些人也能夠做到。

成功意味著許多美好、積極的事物,從某種意義上說是生命的最終目標。人人都希望成功,但最實用的成功經驗就是「堅定不移的信心」。有了堅定不移的信心,就可以把有限生命的脆弱性與無限生命中的精神堅強性揉合在一起,從而產生一種內在的無比巨大的力量,這樣我們就可以無休止地走下去,一直達到自己理想的目的地才終止。有了自信心,就有了戰勝困難的勇氣;有了自信心,才能在最佳心態下去從事前人沒有從事過的事業。

【成熟大人有話說】

自信是一股巨大的力量,只要有一點點信心就可能產生神奇的效果。我們也經常聽人說:「自信心是成功的一半。」

5. 放下你的憤怒

無法管理自己情緒的人,他往往傷害的是自己,又得罪的是他人。會控制自己的人,才能掌控別人。

中篇：四十不惑，迎接人生巔峰

快樂是要你不要生氣，面對生活中的煩惱要拿得起、放得下，並且善於利用生氣的時間去做更加有意義的事。

有一個叫愛地巴的人，他一生氣就繞著自己的房子和土地跑3圈。後來，他的房子越來越大，土地也越來越多。

當愛地巴很老的時候，走路已經要拄拐杖了，他生氣時還是要堅持繞自己的房子和土地跑3圈。

一次，他拄著拐杖走到太陽已經下山了還要堅持，他的孫子擔心他就在後面跟著。孫子問：「爺爺，您生氣就繞著房子和土地跑，這裡面有什麼祕密？」

愛地巴說：「年輕時，我一和人吵架、爭論、生氣，就繞著自己的房子和土地跑3圈，邊跑我邊想，我的房子這麼小，土地這麼少，有這生氣的時間和精力，不如放在工作和學習上，想到這裡，我的氣就消了。」

孫子又問：「阿公，您年老了，成了富人，為什麼還要這麼做呢？」

愛地巴邊走邊說：「我想，我房子這麼大，土地這麼多，又何必跟人斤斤計較呢？想到這裡，我的氣就消了。」

很多人儘管在生活中沒有遇到過什麼大的挫折和創傷，但一顆心卻總是被煩惱緊緊纏裹著。人生短暫，我們用無比寶貴的時間去愁一些本不該在意的小事，值得嗎？

也許你並不是一個脾氣暴躁的人，也不會對所有的事情都發脾氣，可是就有一兩個人老是惹你生氣，他們可能是你的老朋友，鄰居或同學。

就像你老覺得別人在侮辱你一樣，不管你做什麼事，他都做得比你好，或者他會說哪個人做得比你好。你和他在一起的時候，只好開始誇

耀自己，宣揚自己的成就，甚至可能誇大自己的能力。你為了報復，只好開始侮蔑他，同時愈來愈覺得憤怒和厭惡。你不僅無法忍受別人，你也變得不喜歡自己了。

令人最生氣的人，很可能是你最親愛的人。即使是全副武裝的敵人，也不致於像你身邊的人給你那麼猛烈的攻擊。所以，每個人都應擁有一顆王者之心，具有超凡的寬容。用我們偉大的心靈去創造輝煌的業績，又何嘗不是一種王者風範呢？事實上，寬容了別人，也就成就了自己。

【成熟大人有話說】

很多時候，我們需要別人寬容自己，同時也要寬容別人，一味爭搶只能使你陷入孤立。做人就是放得下你的憤怒，拿起你美好的心情去容納別人。

6. 放慢腳步，咀嚼人生

有個好萊塢的歌王，曾經很感慨地說過一些話，他說：「當我年輕的時候，急急忙忙地爬往山頂，就像參加賽跑的馬，帶著眼罩拚命往前跑，除了終點的白線之外，什麼都看不見。我的祖母看見我這樣忙，很擔心地說：『孩子，別走得太快，否則你會錯過路上的好風景！』我根本不聽她的話，心想，一個人既然知道要怎麼走，為什麼還要停下來浪費時間呢？我繼續往前跑，一年年過去了，我有了地位，有了名譽和財富，也有了一個我深愛的家庭。可是，我並不像別人那樣快樂，我不明白，我做錯了什麼？」

中篇：四十不惑，迎接人生巔峰

這位歌王繼續說：「有一次，一個歌舞團在城外表演，我是主角，當表演結束後，觀眾的掌聲久久不停。這一次的表演很成功，我們都很高興。就在這時候，有人遞給我一份電報，是我的妻子拍來的，因為我們的第四個孩子出生了。突然，我覺得很難過，每一個孩子的出生，我都不在家，我的妻子，獨自承擔著養育孩子的辛苦。我從來沒看過孩子們走第一步的樣子，他們天真的哭、笑，我都沒聽過，只有從他們母親那裡，得到間接的描述。我想起祖母對我說的話⋯⋯」

走，是為了到達另一個境界；停，是為了欣賞人生。我們不必把每天都安排得緊緊的，總要留下一點空間，來欣賞一下四周的好風景。

生命的進行就如同參加一次旅行，你可以列出清單來決定背包裡該裝些什麼才能幫你到達目的地。但是，記住，在每一次停泊時都要清理自己的背包，決定什麼該丟，什麼該留，把更多的位置空出來，讓自己的肩頭更輕鬆、更自在。

有一位講師在講授壓力知識時拿起一杯水，問學生：各位認為這杯水有多重？

學生有的說20克，有的說500克不等。

講師則說：這杯水的重量並不重要，重要的是你能拿多久？拿一分鐘，各位一定覺得沒問題；拿一個小時，可能覺得手酸；拿一天，可能得叫救護車了。其實這杯水的重量是一樣的，但是你拿得越久，就越覺得沉重。

這就像我們承擔著壓力一樣，如果一直把壓力放在身上，不管時間長短，到最後我們就會覺得壓力越來越沉重而無法承擔。我們必須做的是放下這杯水，休息一下後再拿起來，如此才能夠拿得更久。

現代人忙碌得如同陀螺打轉，又有多少人會放慢腳步，注意身旁美

好的事物呢？我們腦子裡裝的淨是排得密密麻麻的行程表，整日為工作煩心，還要被擁擠的交通搞得心力交瘁。在這種情況下，我們幾乎忘了自己的存在。請告訴自己：行走途中不要忘了駐足片刻，爬山時不要忘了欣賞山上的風景。

【成熟大人有話說】

人生，本來就是一次旅行，只不過這趟旅行只有起點，沒有回程。因此，只有放慢腳步，才能品嘗人生。

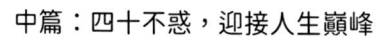

第十一章
家庭與事業之間的不斷平衡

　　事業與家庭是你生活的兩翼，只有兩翼對稱，你才不會失重，才能夠展翅高飛。只有事業與家庭都成功，才算是真正的成功。假如你只是事業成功而家庭不幸，你不可能幸福；而假如你事業失敗，一家人生活沒有著落，你也不可能幸福。平衡家庭與事業，做事業與家庭的雙贏家，才能收穫真正的幸福。

1. 事業和家庭不是二選一的必選題

　　「我不希望妳太忙於工作，那樣我會心疼的，其實女人也不需要有什麼成就，只要專心在家做個好太太就好。」於是，很多女人在男人這樣的甜言蜜語中辭去了工作做起了全職太太。可是等到有一天，女人卻發

第十一章　家庭與事業之間的不斷平衡

現，曾經那個自信的自己不見了，家庭瑣事讓她變成了「易碎品」，最為嚴重的是，丈夫出軌的理由竟是與妻子沒有共同的語言。直到這一刻，女人才發現，原來諾言會輸給時間，今日的結局早在她選擇辭職在家的那一刻便埋下。於是女人開始宣導：女人一定要有自己的事業。

就在女人擁有自己的事業，並取得輝煌的時候，男人們開始恐慌了。你可以聽到許多男人說，他們不想與有錢、會賺錢（甚至職位或薪水比自己高），或是能力強的女人在一起，終究來說，還是男人們沒自信，害怕無法「駕馭」、「控制」自己的女人。

或許，男人當初對女人的諾言是真的，也許那是男人「愛」女人的一種方式，但是讓女人放棄自己的理想去成為「男人背後的女人」，女人終究還是無法從內心裡獲得快樂。

縱然傳統思想中婦女偉大、堅韌、包容、忍辱負重，為丈夫、為孩子、為事業、為他人，勇於犧牲自己的一切，但犧牲真的是美德嗎？是的，女人留守家庭，所做的一切有時候是因為責任，也是因為愛，所以在付出的時候感到幸福，付出也是女性自我角色的一種完成。但是過分提倡犧牲和責任會剝奪女性內心的幸福感和主動力，使人們只看到責任和剝奪，忽略了內在的動力和快樂。這就好比是被剝奪了生命的祭品，為了一個崇高的理由被放在祭壇上一樣。

其實，家庭與事業之間並不矛盾，只要使工作和生活達到一種平衡，而事實也證明，女性都具有平衡工作和生活的智慧。

在生活中，一個成功的女人不但要照顧好家庭，同時要做好工作，這兩方面要互相協調。因為工作是家庭幸福的基礎，而家庭是女性成功的堅強後盾。

中篇：四十不惑，迎接人生巔峰

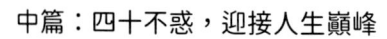

【成熟大人有話說】

　　家庭、事業和良好的社會關係，三者對人生來說都非常重要。而家庭和事業並不能說是矛盾體，兩者是相互促進的。

2. 別說「男人沒一個好東西」

　　有一些女人，只要一談起男人，時常掛在嘴邊的一句話就是：「男人沒一個好東西。」

　　關於男人，是好東西也好，是壞東西也罷，誰都不可能馬上一錘定音，得出評論。因為，女人能發出這樣的感慨，也往往是事出有因的。

　　事實是，大凡說這句話的女人往往是遇到了陳世美一樣的男人，掏了心，傷了心。然後，在淚眼婆娑的風景裡望盡最後一絲燈火闌珊，懷著依依不捨的傷感將曾經的愛與不愛砸得粉碎。當她愛過了，恨過了，他卻一騎絕塵走了。他走得狠心，走得瀟灑，忘記了曾經鏗鏘的諾言，在玩世不恭的冷風裡將女人的青春輕拋浪擲。

　　當愛情來的時候，男人是個再好不過的東西了，當一切結束時，男人就徹底是個壞東西了。所以，她們說的沒有錯，而且這也是曾經滄海的女人們的肺腑之言，「男人沒有一個好東西」，也是她們為自己的遭遇下得最合適的結論。對於這些女人，男人就是她們的整個世界，所以男人便沒有一個「好東西」了！

　　一千個人眼中會有一千個哈姆雷特。同樣，有多少女人，就會有多少種「壞男人」的可惡之處，也會有多少種「好男人」的標準。那麼，在她們心中「好男人」的標準是什麼呢？這個標準也是沒有固定的答案的，其實這個「好」的標準的制定者就是每個女人自己。

第十一章　家庭與事業之間的不斷平衡

在 1960 年代,「好男人」的標準是「外貌像演員,體格像運動員,做事像服務員,脾氣像保育員」。到了 1980 年代,「好男人」的標準被更新了,由原來的「四員」變成了「髒活累活全幹,剩菜剩飯全吃,薪資獎金全繳,小孩老人全包,老婆的話全聽,功勞名利全讓」。

而今天,「好男人」的標準又是什麼呢?對於現在,一些女人的幸福感恐怕只有金錢了。如今,大多數女人已認定這樣一條「真理」:愛情只是俗人的產物,沒有金錢的愛情只能是悲哀。於是,她們便按照自己認定的「真理」去執行了,對愛情總是先看金錢,再說感情。

相比而言,好男人往往就不顯眼了,沒有紙醉金迷,沒有燈紅酒綠,沒有烈酒、華服,只知道工作、做家事,所以他們沒有魅力,他們只有良知和責任感。他們的愛情來得平凡,就像是避風的港灣,只求那點安全感和微微暖意。可是這點品質又怎能吸引美眉的目光呢?沒有金錢又怎麼浪漫呢?

女人總願意把男人按著自己的想像去設計。除了英俊有型、儒雅風趣、溫柔體貼之外,還得經常能製造點浪漫的氛圍。當男人達不到這些標準時,女人的埋怨和抱怨便隨之而來。在這個時候,只要能讓男人心裡不舒服的辦法,女人一概能想得出來,也用得出來。於是男人在女人的埋怨和挖苦聲中終於忍無可忍,便產生了離婚的念頭。

曾經看過這樣一幅漫畫:一個年輕人的手裡拿著一頂帽子,站在一位坐在椅子上的老人面前。老人說:「不行,你絕不能娶走我的女兒。但是,你可以考慮把我的妻子帶走嗎?快帶走我妻子吧,求你了。」

這是一幅漫畫,看起來是一個笑話,但確確實實能讓人感覺到婚姻裡,一個男人是多麼的痛苦不堪。

比如:他在生活細節上也許跟妳不合拍,在衛生或脾氣方面也許不

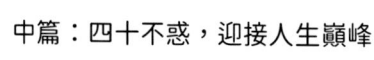

如妳所願，也許他沒有多少錢，但這並不表示「男人沒一個好東西」。女人只是感情觀和價值觀出了問題，所以一葉障目，只見金錢，不見好男人了。

女人花錢，男人花心。女人是感性的，不會用理智去愛，愛了就愛了，也沒有什麼值不值得，稀里糊塗就這樣了，心傷了，心碎了。

【成熟大人有話說】

每個人都有缺點，再完美的人也不可能是絕對的完美。一個男人即使能做到又像父親又像丈夫又像情人，他也有可能存在很多其他缺點。因此，女人不要追求太完美。

3. 有愛的婚姻是天堂

每一個女人心中都有憧憬愛情婚姻的美夢，而瓊瑤小說中那纏綿的愛情備受女性朋友的歡迎。許多人在那蕩氣迴腸、精采絕倫的愛情故事中流盡了熱淚，最後又因為童話般的結尾而對它愛不釋手。尤其是情竇初開的少女們更是如痴如醉地挑燈夜讀瓊瑤小說，於是很多人在晴天朗日的大白天，由於睡眠不足也如瓊瑤小說的女主角般神情恍惚，臉色蒼白，眼睛欲開還閉，眼神如夢似幻。而瓊瑤小說裡的男主角也因其痴情而成為大多女性的偶像。像《一簾幽夢》中浪漫多情的費雲帆；像《還珠格格》中為愛可以放棄一切的五阿哥；像《情深深雨濛濛》中善良而勇敢、柔情而專一的何書桓等等。

或許對於現今喜歡速食式愛情的男女而言，瓊瑤式的純情愛情只是一種理想，也有一些人對此嗤之以鼻。但不管怎樣，瓊瑤用她的生花妙

第十一章　家庭與事業之間的不斷平衡

筆，為人們營造出一個個浪漫旖旎的情感世界，滿足了大家關於感情的諸多遐想。

雖然瓊瑤的小說都是「純愛」故事，但她成長的過程中卻充滿了過多的波折。她出生在中國四川，童年時適逢抗戰，隨著父母到處逃亡，顛沛流離。瓊瑤幾乎沒有接受過正規的小學教育，輾轉來到臺灣後，插班進了六年級，基礎太差，功課當然趕不上，成績奇慘。後來，雖然幸運地考進了北一女，進入名校，但情況更慘，同學個個優秀，她除了國文外，其他功課一塌糊塗，二年級時甚至留級了。父親是師大教授，母親是建中老師，家中四個孩子，她是長姐，如此「不成材」，偏偏弟妹個個優秀，當然令父母十分痛心，不但失寵，甚至被打入「冷宮」。在孤獨、無助中，她小小年紀居然服毒自殺，昏迷了一星期才被救回。

十八歲那年，她面臨沉重的聯考壓力，「這個時期的我，已經不止是孤獨、寂寞和無助，還有很深很深的恐懼。」瓊瑤回憶說。花樣年華，卻生活得如此黯淡無光，就在這段時間，一位國文老師的憐愛和鼓勵，開啟了她的少女情懷。但這段純純的初戀，非但不被祝福，反而被嚴加禁絕。接著聯考的連連敗北，前途茫茫，在羞愧與沮喪下，她再度服毒，這是三年中再次自殺。

隨後嫁為人婦，在潛意識裡她是希望能夠早日脫離苦海，另組一個獨立自主的家庭，從此過著平凡而快樂的生活。但由於夫婦間的感情基礎不足，再加上兩人沒有基本的經濟條件，尤其是孩子的出生，經濟更為困窘。於是，瓊瑤再度嘗試「煮字療飢」，寫出了短篇小說《情人谷》，被《皇冠》採用，同時也與《皇冠》結緣。而此時，在外面的世界裡，丈夫慶筠的思想卻在悄悄地發生變化。他開始玩世不恭，悲觀失望。回國後他放棄了寫作迷上了賭博，而且是越玩越輸，甚至輸掉全家的生活

中篇：四十不惑，迎接人生巔峰

費，為此夫婦間常常大動干戈。但吵過之後，她又不得不為生活而繼續寫作。隨後她又寫了中篇小說《尋夢園》、《黑繭》、《幸運草》等，賺取少量的稿費。貧窮，成了她早年寫作的一種動力，但蘊藏在內心的狂熱，一旦引爆，就無法遏止。

二十五歲那年冬天，她開始寫《窗外》，五月初脫稿。1963年7月，瓊瑤的長篇小說《窗外》在《皇冠》雜誌上發表，引起了轟動，但也加速了他們婚姻的解體。由於《窗外》寫的是瓊瑤初戀的故事，所以慶筠在外面不免遭到朋友們的說笑，於是兩人之間的矛盾變得更為激烈。他開始徹夜不歸，指責瓊瑤的《窗外》帶給他難堪，甚至還在一家報紙的副刊上編造了許多子虛烏有的事情，痛揭瓊瑤師生戀的傷疤。最終，在1964年春天，兩人分道揚鑣。對瓊瑤來說，這是一段失敗而痛苦的婚姻。

同時《窗外》出版後，也觸動了父母敏感的心結，他們寫信痛責瓊瑤，雙方感情降到零點。可是就在瓊瑤痛苦的那段時間裡，她有幸遇到了著名的出版家平鑫濤，是他讓瓊瑤開始變得大紅大紫，讓她的事業開始騰飛。但也因為此間的相珍與相惜，經過幾番波折，兩人終於牽手。

或許對於平鑫濤這個名字，大多數人都是陌生的，很多讀者對他更熟悉的稱呼是「瓊瑤先生」。而在「瓊瑤」兩個字的巨大人氣的籠罩下，平鑫濤一直默默地扮演著幕後推手的角色。其實，在與瓊瑤的生活軌跡合而為一之前，平鑫濤就於1954年在臺灣創辦了《皇冠》雜誌，建起了自己的皇冠文化王國，推介了張愛玲、瓊瑤、三毛等一大批著名作家，在臺灣出版界堪稱行尊。在「瓊瑤劇」的風靡中，他還擔當了「製片人」的重要角色。平鑫濤的人生故事，並不比瓊瑤遜色。

瓊瑤的人生也因為遇到了平鑫濤而變得幸福美滿。瓊瑤舉了一個例子：她寫作時經常忘了吃飯。全由平鑫濤送到面前，所以平鑫濤開玩笑

地說:「如不送飯去,瓊瑤會餓死在書桌前。」其實,不會有誰會真正餓死在書桌前,關鍵是當一個人的生命中出現了一個寵她的人,那麼她就會變得更加依賴對方而已。

在現實生活中,他們腳踏實地,用充滿熱情和真摯的心一同將庸常的婚姻生活演繹得有聲有色。他們攜手相依,美滿和睦的婚姻向我們昭示著:人世間自有真愛。

【成熟大人有話說】

對於真正懂得愛並用心經營愛的人來說,真情相守就是家。有愛的婚姻便是天堂!

中篇：四十不惑，迎接人生巔峰

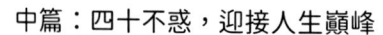

第十二章
好女人成就成功男人，優質男人帶來幸福女人

一個男人的成功離不開女人的支持，任何一個人都不能輕易將一個男人的成功簡單地規劃為他自身的成功。我們更應該看到在他背後，為他付出更多，全力支持他的女人們。好女人是男人的學校，是男人的老師。沒有好女人，何來好男人。同樣地，男人對一個女人的影響也是無法估量的。一個好男人能成就一個女人，一個壞男人會毀掉一個女人。

1. 成功男人離不開背後默默付出的女人

什麼樣的女人才能成為一個成功男人背後的女人？首先，必須有一種常人所不具備的潛能，這種潛能不是看她的工作能力，而是在男人打

第十二章　好女人成就成功男人，優質男人帶來幸福女人

拚的時候，她的一種默默的支持與陪伴。

而一個成功男人背後的女人，指的是什麼？就是有一個好女人在他的背後全力去支持，這種支持不是說讓一個女人在經濟或者實際事業上的支持，更多的是指一個女人在精神上的鼓勵。站在男人背後，默默地為男人付出，默默地支持男人，一心一意，用心扶持，無怨無悔。那麼，怎樣才能做好這種鼓勵呢？只有一條：默默地奉獻！

杜致禮，陝西省米脂縣人，1927年12月29日出生。其父杜聿明，係國民黨高級將領。

杜致禮出生於軍人家庭，從小受到嚴格的教育，酷愛文學和音樂。青少年時期適逢抗日戰爭，就讀於西南聯合大學附中。1947年赴美深造，入紐約聖文森學院攻讀英國文學。1952年返回臺灣，在花蓮中學當了一名英文教師。之後，隨丈夫——著名物理學家楊振寧移居美國。

為了不干擾楊振寧的研究工作，她親自開車接送孩子上學。1950年代初，被當時的科學家們稱為「第二次世界大戰後物理學家最興奮的年代」，楊振寧正是這個時期成長、發展的。期間，杜致禮為丈夫楊振寧的成功付出了許多。1957年12月，獲諾貝爾獎的楊振寧與杜致禮一道，前往瑞典斯德哥爾摩參加頒獎儀式。當楊振寧從瑞典國王手中接過獎時，杜致禮非常激動，沉浸在無比的歡樂之中。

1981年杜聿明重病期間，杜致禮數次回中國探視、照顧，力盡孝道，直至為父親送終。1986年楊振寧首次赴臺參加恩師壽慶大典，杜致禮隨之探親、訪友、會見學生，受到媒體跟蹤採訪，被稱為「成功男人背後的偉大女人」。

另一則故事：

林鳳嬌，她在1982年退出了影壇，之前共演出過七十多部影片。與成龍相戀之後，她便退居幕後甘當陪襯，直到兒子房祖名出生前一天，

中篇：四十不惑，迎接人生巔峰

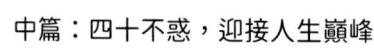

成龍才將她娶回家中。常言說：最親莫過父子，最近莫過夫妻。但是此話若用在早期的成龍與林鳳嬌和兒子之間，就有些略顯不足了。當時林鳳嬌和兒子是成龍未能公開的隱祕，所以就難免缺少正常家庭常有的天倫之樂。

每個小孩子在上學的時候，都是喜歡炫耀自己的爸爸是做什麼的，可是房祖名就不能說，而且父子倆每天見面的唯一機會，都在半夜以後了。

林鳳嬌成了成龍的地下妻子，房祖名也成了成龍的祕密兒子。鑑於當時成龍的旺盛事業，為了維護成龍受影迷的愛戴，林鳳嬌母子就默默地付出……

有人曾這樣說過，如果你遇上一位真正為你默默付出的女人，這樣的女人你要珍惜一生，這樣的女人，不需要多，一個就夠了。

而很多的成功案例也向我們證明：一個成功的男人，後面少不了一個默默支持的女人。男人需要女人的保護。也許在男人的心裡，事業比什麼都重要，但很多人往往忽視了一個問題，──個人在社會上的成功必須付出全部的努力，去勝過他人，成就自己，而這樣往往就會忽視女性的感受。在他攀上成功之巔之前，將家裡的女性拋在一邊，冷落和忽視以前的愛人，從而可能造成不可彌補的傷害。但如果男人仔細回頭去想一下，就會發現，每當你遇到困難的時候，只有她們才是你的精神支柱，才是給你力量的源頭。她們默默地全身心地支持你、關心你、安慰你、鼓勵你的時候，你是多麼的高興，多麼的自豪！其實她們就是一個後勤部，時時刻刻注意自己主力部隊的需要與動向。所以男人千萬不要忽視女性，應該重視女性，保護女性，愛護女性，關心女性，尊敬女性，這才是一個成功男人的準則。

第十二章　好女人成就成功男人，優質男人帶來幸福女人

【成熟大人有話說】

在一個男人事業輝煌的同時，如果能娶到一個為自己默默付出的女人，這是一個男人的幸運。因為好女人是一種鞭策，能夠成就一個男人。

2. 高 EQ 的女人使男人贏得成功

以往，人們片面地認為，一個女人的高智商能促進丈夫取得成功。其實，這是人們的認知陷入了一個迷思。如今，我們在生活中發現，甚至就在你的身邊，甚至就是妳自己，智商很高，但是卻未必能幫助丈夫取得成功，更談不上促使他走向輝煌。那麼，一個女人怎樣做才能夠幫助丈夫，使他的價值發展到極致，走向人生的輝煌呢？

大量的研究證明，在影響人們成功、制約人生走向輝煌的因素之中，智力（IQ）因素僅僅占到大約 20% 左右，而影響成功的 80% 的因素則屬於非智力因素。

對於智商和 EQ 在人生中的作用，心理學家提出以下的公式：

100% 成功 = 20% 的 IQ + 80% 的 EQ

這也就是說，一個人的一生，在事業、家庭等方面是不是成功，20% 由智商決定，其餘 80% 則取決於人的 EQ。

現在，我們終於明白，男士的成功主要是 EQ 在產生關鍵性的作用。那麼，作為成功男人背後的女人，如何幫助丈夫擁有高 EQ，進而取得成功呢？

中篇：四十不惑，迎接人生巔峰

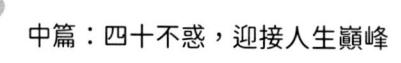

◆ 第一，高EQ的女性懂得告訴丈夫行動的道理

有些女人在丈夫遇到困難的時候，常常會說「別埋頭苦幹了，等情緒好了的時候再說」，但一些高EQ的女人卻不會這樣勸解自己的丈夫，她們總是會告訴自己的丈夫先做再說。

在那些丈夫想有所改變或有所創新的領域中，鼓勵丈夫行動起來，是幫助丈夫取得成功的關鍵。高EQ的女人都有這樣的特徵：無論她們的丈夫情緒如何，她們總是告誡自己的丈夫要保持正常的工作。培養她們的丈夫努力「坐下來」的智慧，使丈夫置身於一個最可能取得成功的環境之中。只要她們的丈夫擁有一個想法，哪怕這是一個不成熟的計畫、一個念頭，她們都鼓勵自己的丈夫去嘗試，在嘗試中加以改進。因為她們懂得，如果不去嘗試，就永遠實現不了目標。

◆ 第二，高EQ的女性懂得告訴丈夫堅持就是勝利的道理

目標是一點一點、一步一步達到的，有時甚至需要花費經年累月的時間，高EQ的女人明白這一點。當他們鼓勵自己的丈夫為成功而奮鬥時，她們通常會告訴自己的丈夫要一步一步地前進，為自己嘗試的各種機會，並且堅持下去。

◆ 第三，高EQ的女性懂得告訴丈夫努力，努力，再努力的道理

高EQ的女性是創造者，是男人成功的推動者。她們懂得只有努力地工作才能把人生的羅盤撥向成功的一面。所以，她們常常告誡自己的丈夫，要專心致力於那些有可能完成的事情，對自己面臨的每一個挑戰，都全力以赴地應對。

◆ 第四，高EQ的女性懂得不要爭論的道理

高EQ的女性懂得以讚揚和感激來鼓勵自己的丈夫，給予丈夫大量

的積極肯定。經常保持這種積極的態度，而極少在丈夫面前說消極的話，她懂得致力於維護關心的良好氣氛中。她們大量使用真誠的肯定來表示承認丈夫所做出的貢獻。

◆ 第五，高EQ的女性懂得在丈夫面前誠實第一的道理

高EQ的女性無不具有誠實的特徵。她們告訴自己的丈夫，自己在想什麼和需要什麼。如果意見有所不同，就會面對面地，溫和而直截了當地解釋明白。她們深知誠實比說謊和假裝更要輕鬆。

◆ 第六，高EQ的女性懂得具備良好心態的重要性

高EQ的女性善於發現現實生活中的美好事物，認為過去是一個可供借鑑的資訊庫，而未來是一片快樂的、前途無限的、引人入勝的樂園。她們在丈夫遇到挫折時，竭力找出積極的東西，在環境中致力於幫助丈夫尋求發展和學習的機會。

高EQ的女人，知道保持一種積極樂觀的態度，是幫助丈夫打拚獲勝的關鍵。因為她們懂得，同一件事常常可以被說成「好的」或「壞的」、「快樂的」或「痛苦的」，決定性的因素一般取決於個人所參照的標準，而不是所發生的事件本身。

◆ 第七，高EQ的女性懂得要有自知之明的重要性

人貴自知，也難以自知。自知者明，自明者智，自智者立，自立者強，自強者勝。一個人總有一些連自己也看不清楚的個性上的盲點。因此，高EQ的女性懂得在背後時刻提醒自己的丈夫做好反思，並且能夠從不同的角度了解、認識自己的丈夫，客觀地評價自己的丈夫，幫助丈夫做好定位。並在此基礎之上，幫助丈夫處理好周圍的一切關係，幫助丈夫建立自信心，進而幫助丈夫走向輝煌。

同時，高EQ的女人還能讀懂男人在各個時期的需要和想法，能跟上男人的步伐，並不斷地提升自己。配合丈夫在家庭和事業上共同進步，幫助丈夫在人際關係上、生活中樹立更好的形象。在男人失去目標和勇氣的時候幫他找到方向，在男人驕傲的時候能及時提醒他不要飄飄然。如果你擁有這樣的妻子，那麼這是你的幸運，同時更是你事業蒸蒸日上的前兆。

【成熟大人有話說】

一個成功男人背後如果擁有的是一個高EQ的妻子，不但可以增進夫妻之間的情感關係，更能夠化解來自丈夫心中的負面情緒，成為丈夫的堅強後盾，彼此共同面對、解決生活中的突發事件與難題，給予對方情感與精神上的支持。

3. 成功男人是好女人塑造出來的

一個成功男人離不開一個好的妻子，如果一個成功男人擁有了一位全心全意幫助自己的妻子，那麼，這是他的幸運。因為更多的時候，一個成功的男人是好女人塑造出來的。

有這樣兩個窮男人，他們的名字叫王小剛和李讚讚。兩人從小生活在一起，是一對很好的朋友，工作後，兩人分別交了女朋友。王小剛的女朋友馮曉麗從小也是家境貧寒。李讚讚的女朋友張無雙家境較好，父親是醫生，母親是老師，因此，她的家世背景，實在不是李讚讚這個窮小子可以高攀得起的。然而，年輕人的愛往往比較單純，過了幾年，張無雙不顧父母的反對，執意下嫁給李讚讚，而王小剛也同時娶了馮曉麗，兩對夫妻四個人的感情非常好。

第十二章　好女人成就成功男人，優質男人帶來幸福女人

　　一天，四個人約好聚會，李讚讚和王小剛各自立下壯志，十年後兩個人都要當大老闆。兩人約定十年後的今天再相聚，看誰的成就比較高。

　　就這樣，兩人從此各奔東西。王小剛選擇了餐飲業，從路邊攤做起，而李讚讚由於性格比較開朗，就選擇做業務。

　　兩個人白手起家，到處借錢創業，然後自己當老闆兼工友，大小事一手包，拚了命要趁年輕闖出一片天地。

　　很快，十年過去了，這時，王小剛已是近五十家餐飲連鎖店的老闆。然而約定的時間到了，李讚讚卻沒有出現。王小剛到處打聽，才找到李讚讚的下落，原來李讚讚正在療養院裡接受憂鬱症的治療。李讚讚此時一無所有，沒事業，沒子女，沒家產，最重要的是，連老婆張無雙都和他離婚了。

　　原來，李讚讚和張無雙結婚後，籌了一點資金，找了些客戶，然後回來成立了一家業務公司。剛開始公司只有他和張無雙兩個人，每天從一早醒來睜開眼就開始忙，每天平均工作十幾個小時，回到家倒頭就睡。

　　李讚讚裡裡外外這麼拚了快一年，公司業務終於漸漸走上了正軌，取得了些許的利潤。但這時張無雙忽然跟他大吵大鬧，向他抱怨這一年來她像女工般被關在公司裡，回到家還要做家事，一點生活品質和樂趣也沒有，她就快瘋掉了！

　　李讚讚聽了心想，還好現在公司已上軌道，再想想張無雙從小嬌生慣養，從沒吃過什麼苦，這一年來也真是苦了她，就答應她招聘員工，讓她回家當富太太。

　　然而，就在人未找到的時候，有一批貨因廠商加工時有瑕疵，張無雙驗貨後發現不對，立刻打電話去臭罵對方的老闆，表示這一年來是她照顧對方，他們才有飯吃，要他們小心一點，並說除了扣錢外還要對方賠償。

中篇：四十不惑，迎接人生巔峰

　　對方的老闆聽了這些話氣得把貨收回，並撂下狠話——從此要封殺李讚讚的公司。由於當初李讚讚的公司剛剛成立時，沒有什麼背景，很多廠商都不敢給他貨，只有這個老闆最幫他。這次雖然貨有瑕疵，也只是叫他們拿回去改就好了，沒有必要把人家大罵一頓，難怪人家大老闆要生氣。最後，不管李讚讚怎麼求情，對方老闆堅持要張無雙當面道歉，而張無雙則說她自己根本沒錯，當然不願意。

　　就這樣，李讚讚的第一家公司就此倒閉。

　　但李讚讚雄心依舊，過了幾年，李讚讚又東山再起，這次是做飾品生意。有了上次的經驗，這次他讓妻子回家做全職太太，請了一個女祕書來接電話，生意漸漸穩定下來。

　　李讚讚又像從前一樣，每天早出晚歸。但晚上回到家，卻發現妻子每天都不做飯，並要求他在回來的時候順便帶便當。

　　李讚讚遵從妻子的要求，包了便當回家吃完後，累得想倒頭就睡。這時，張無雙又開始大罵，說他每天也看不到人，也不陪她逛街或談談心，人家的老公多好多好……說真後悔當初嫁給他這個窮小子。

　　這時，李讚讚又累又睏又煩，但面對妻子，他又不能發怒，只好叫張無雙多體諒他，替他著想一下。這話不說還好，說了張無雙更氣得大吵大鬧，說他才是自私，為了事業就不要家庭了，就不要老婆了。

　　過了幾年，好不容易公司開始賺錢了，忽然間又來了一個晴天霹靂——銀行打電話來告知李讚讚，說他前幾天存入的500多萬元的客戶支票根本不能兌現。

　　李讚讚聽了愣在原地呆了幾十秒，心想一切都完了。500多萬元是好幾個月的營業額，他該付給廠商的金額也有400多萬元。這麼一來，他不但是立刻破產，還要背上400百多萬元的債務。

　　原來，李讚讚的這個大客戶這一個月來就有些不穩的跡象，然而，李讚讚裡裡外外都是一個人，忙得團團轉，回到家又要應付張無雙，竟

第十二章　好女人成就成功男人，優質男人帶來幸福女人

然忘了去探一下這個大客戶的財務狀況，還一直把貨發給對方。

就這樣，李讚讚的公司又倒了。

接下來，他的生活就是由一堆債權人和討債公司或法院庭訊來占滿他的行程，他被逼得快瘋掉了。張無雙事發後沒幾天，就收拾行李回娘家避風頭去了，臨走時還回頭吐槽了幾句：「別人生意都做得很好，為什麼你不去找一個不會倒的生意……偏偏要做這種高風險的生意。我真瞎了眼嫁給你，想過個安穩日子都不行！」

李讚讚本來心裡就煩，聽了這幾句氣得差點吐血，但他無話可說，揮揮手叫她快走。

眼看十年快到了，李讚讚不但一事無成，反而搞得一身債。為了生活，他只好去打零工。張無雙眼看他沒有翻身之日了，索性提出了離婚。

孤單無依的李讚讚，下了班只好借酒澆愁。然而，人一旦失去鬥志，就會愈來愈沉淪，李讚讚開始夜夜以酒吧為家，每天用酒來麻痺自己。結果意志更加消沉了，還曾經一度酒精中毒被送到醫院急救，後來就得了嚴重的憂鬱症，被送到療養院。

李讚讚的故事說完了，他反問王小剛的事業如何？

王小剛靜默了幾秒，才把馮曉麗的手牽起來放在自己手心，告訴李讚讚，這十年來，如果沒有馮曉麗在背後默默支持，他根本不可能成功。

其實，王小剛也不是一開始就成功。他第一次創業開餐廳就有客人中毒，餐廳被衛生局勒令停業，後來，餐廳又莫名其妙地發生大火，讓他一夜之間一無所有。他難過得跪在火災廢墟中痛哭，他咒罵老天，每天借酒消愁。但馮曉麗並沒有因此而放棄他，而是不離不棄守在他身邊不停地鼓勵他支援他，甚至有一段時間他都不想工作，馮曉麗只好一個人在路邊擺個麵攤，從早做到晚，每天只賺個幾百元養活全家。直到有

中篇：四十不惑，迎接人生巔峰

一天，王小剛發誓從此要再站起來，不再讓妻子吃一點苦。

就這樣，王小剛又從零開始，接下了妻子的麵攤，每天一碗麵一碗麵認真的煮，開始一塊二塊的存錢，然後去租了個小店面，從小店面又換到大餐廳，然後開始成立連鎖餐廳，直到現在的規模。

王小剛說完後，三人默默無語，愣了許久。

同樣是有志向的男人，同樣是遇到老天無情的考驗，同樣是十年的時間，但為何結局卻是如此地天壤之別，相信妳該知道答案。所以，作為女人，無論妳做女兒的時候多麼嬌貴，既然已身為人妻，就該懂得怎樣去體貼和關懷別人，而不是老覺得自己該萬千寵愛集於一身。每一個孩子都是父母手心裡的寶，包括自己的丈夫，並非只有自己才嬌貴。既為夫妻，應互敬互愛，互相體貼，而非妻子就是公主，老公只是奴僕。即使老公是一個遙控機器人，恐怕也需要充電，也會磨損，怎能如此苛求同為血肉之軀的夫君，卻不檢視自己是否是一個合格的妻子呢？

有人說：「用妳喜歡丈夫對待妳的方式去對待丈夫。」每個男人，都是需要別人理解、同情和尊敬的。推己及人，與丈夫相處應該多一些理解，給他及時雨一樣的幫助，讓溫馨、祥和、慰藉來溝通心靈。比如：對窘迫的丈夫講一句解圍的話，對頹喪的丈夫講一句鼓勵的話，對迷途的丈夫講一句提醒的話，對自卑的丈夫講一句鼓勵的話，對苦痛的丈夫講一句安慰的話⋯⋯這些非物質化的精神興奮劑，既不要花什麼金錢，也不要耗多少精力，而對需要幫助的丈夫來說，又何啻於旱天的甘霖，雪中的炭火？

人生在世，許多人常嘆善解我者難求。一個聰慧的女人，要會學著去善解丈夫。

在男人的眼裡，善解人意的女人是在生活與事業的河流上幫助男人

撐船的人。遇到這樣女人的男人,他們不會因為女人善解人意而得寸進尺,相反,他們會心存感激。因為善解人意的女人,點點滴滴都是情,這是最讓男人感動的地方,也是最能推動男人前進的動力。相反,一個不懂得善解人意的女人,他不僅不懂得和丈夫一起快樂,同時更不懂得分擔他的煩惱。時間一長,丈夫自然就會感到壓抑,夫妻之間的交流自然就會越來越少,最後變成冷漠。這從一定意義上來說,自然難以推動丈夫的成功,更難以讓丈夫擁有一個好的心情去工作。

也許妳是一位出色的職業女性,也許妳是一位賢慧的妻子。如果真的如此,那麼妳一定能成為一個成功男人的塑造者,幫助他在事業上取得成功,幫助他在人際交往中受到大家的歡迎。

有時候,那些成功男人遇到問題時需要妻子為他出謀劃策,與他共度難關。那麼女性們該怎麼做呢?專家提出了以下三個方法:

(1) 努力使丈夫受人喜愛

有一位女士,她的丈夫在社交上並不受人歡迎,只是因為這位女士口碑好,周圍的人才接受了她丈夫。這個男人傲慢自大,喜好爭辯,缺乏耐心。但是,當這位女士把她丈夫不幸的童年生活說給人們聽以後,周圍人對她丈夫的厭惡感才逐漸轉變成了同情心。

(2) 努力使丈夫表現出他的才華

有些女人以為,炫耀丈夫的方法,就是要炫耀自己。例如:如果可能的話,她們就想穿貂皮大衣來炫耀炫耀。聰明的女人應該知道使用其他更好的方法。

有一次,有個年輕的女士對朋友說,她想學會如何講好有趣的故

事，用以加深她丈夫的朋友對他們的印象。朋友告訴她，如果讓她先生來講這些小故事，效果該會更好。

使丈夫引起別人的興趣和注意力，最簡單的方法就是在自己家裡舉行宴會，安排丈夫表現他所擁有的任何特殊才華。

劉先生是一位成功的小兒科醫師，同時也是一位天才的業餘魔術師。來到他家裡的賓客，常常受邀觀賞一場即興的魔術表演。劉先生是表演明星，而他的妻子小李就充當助手，有時候他們兩個小兒子也幫忙和助陣。這比起他們兩人同時表現出各自的優點，得到了更深更遠的美滿。

(3) 努力使丈夫表現出最大的優點

在業務上受人器重的人，到了社交場合就啞口無言了，這種事情是常會發生的。男人沒有談天的經驗，也不知道應該從何說起，一個機靈的妻子就是這種男人最好的朋友了。她能夠很自然地引領自己的丈夫參加談話，使丈夫毫無困難地繼續說下去。

因為她知道，這世界上最害羞的人，如果談起了他最感興趣的事情，就不會再畏縮了。

總之，做個合格和成功的妻子並不簡單。妳要隨時讓他知道，妳愛他，珍惜他，尊重他，讓自己與他並肩作戰，走在快樂裡和痛苦中，分擔歡喜和眼淚，給他溫柔的關懷，懂得支持他。

【成熟大人有話說】

千萬不要用「你無論如何也不會成功」這句話來打擊自己的丈夫，這樣只能使妳的這句話最終變成現實。

4. 成功男人背後的不平凡女人

上帝用他的神聖之手創造了男人、女人，創造了平凡的男人、女人，而男人、女人又用自己樸實的雙手譜寫自己不平凡的人生，李嘉誠的妻子莊月明就是這樣一位不平凡的女子。

如果說馳騁商場的李嘉誠以準確的預測能力，敏銳的眼光聞名國際商界的話，那麼值得一提的另一位目光敏銳者，便是博學的莊月明。是她在李嘉誠身無分文的時候發現了他的巨大潛力，而且不論是在李嘉誠不幸輟學的時候，還是在李嘉誠艱苦創業的時候，莊月明都是李嘉誠最忠實的支持者。

了解莊月明的朋友都這樣稱讚她：「李夫人和李先生結婚後，立即參與長江實業，共同推動公司業務進一步向前發展。雖然長江實業當時已經具備相當規模，但由於李夫人全力協助，長江實業在股票市場一上市，就業務蒸蒸日上，一日千里。」

不僅如此，任長江實業執行董事的莊月明，在工作上勤勤懇懇，十分默契地配合李嘉誠，在公司的重大發展規劃上，也常常為李嘉誠出謀劃策。

特別是在李嘉誠事業有成的時候，莊月明又利用自己在接受高等教育期間所獲得的專業知識，輔助李嘉誠完成他的宏基偉業。

當然，李嘉誠永遠不會忘記莊月明對他所付出的真摯無私的情愛。直到今天，李嘉誠還常常感慨地告訴身邊的朋友：「月明受過良好的教育，婚後在事業上為我出謀劃策，給予我很大的幫助。不僅如此，她把家裡的事情都處理得井井有條，使我完全不用為家裡的事情操心，能夠集中全部的精力應付事業上的各種問題。這是我最要感謝她的地方。」

有人說婦女能頂半邊天，有個聰明的作家說男人的一半是女人。其

實，在當今社會，雖然高喊著男女平等的口號，但唱主角的依舊是男人，女人猶如一座深藏的寶藏，遠遠沒有被發掘出來。但不可否認，伴隨經濟全球化，知識經濟等諸多積極因素的影響，女性的人生舞臺得到了極大的開拓，其修養意識、交際意識、家庭意識等迅速強化。她們渴望得到社會的認可，渴望發揮自身潛力；渴望魅力四射，展示自我；渴望獨立進取，事業成功；渴望婚姻美滿，人生幸福。畢竟，在這個變革的時代，女性的成功機會越來越多。

人們常說「成功男人的背後一定有個好女人」，這句話說得很有道理，但要知道不僅成功男人背後有一個好女人，成功男人背後更需要一個對他事業有幫助的不平凡女人，她會促進男人事業的發展。

所以說，在當下社會的大舞臺上，女人要從幕後走向臺前，要從默默無聞的「跑龍套」到男人唱來我也唱，要從無奈地看著自己的命運由別人支配到「我的地盤我做主」。我們常常說，不平凡的男人身後應當有一個不平凡的女人，在他擔任男主角的同時，作為他身後女人的妳也應當走到臺前展示自我，也要擔任女主角。

維納斯是從神話中走出來的完美女人，她擁有非凡的能力，她能得到想要的一切，古羅馬以來，維納斯成了魅力女性的典範，她代表女性的美麗和成功。其實，我們每個女人都是潛在的維納斯，每一個女人都是強大的、有所作為的，作為成功男人背後的成功女人，或許妳能有更深刻的體驗。

商海沉浮，妳搏擊風浪，官場風雲，妳昂揚著，此時的妳無疑已經走在了成功的道路上。而作為女人，妳更應當發揮自己的不平凡的優勢，做個成功男人背後「不平凡」的女強人。

但做不平凡的女性，千萬不要患上「女強人症候群」，要在兼顧事業

的同時，兼顧自己的家庭。研究家庭問題的專家說：「越來越多的女性走出家庭，但她們在家中的職務並沒有減輕。」這就是女人的不平凡，就如同李嘉誠在讚揚他的妻子時所說的：「月明受過良好的教育，婚後在事業上為我出謀劃策，給予我很大的幫助。不僅如此，她把家裡的事情都處理得井井有條，使我完全不用為家裡的事情操心，能夠集中全部的精力應付事業上的各種問題。這是我最要感謝她的地方。」

做女人難，做一個不平凡男人背後的不平凡女人更難。身為一位女性，妳首先要具備勤勞維護婚姻和家庭的心，其次要具備幫助丈夫開拓事業的心，而這樣的女人一定是一個不平凡的女人。

【成熟大人有話說】

每一個成功男人的背後都有一個不平凡的女人。這樣的女人既可以增長丈夫的自信與事業，不斷為丈夫加分；同時還可以使夫妻之間心順家和，萬事興盛。

5. 一個好男人能成就一個好女人

俗話說：「男怕入錯行，女怕嫁錯郎」，這對女人來說真是金玉良言。一個女人的生活品質的關鍵在於她選擇了一個什麼樣的丈夫，選擇了一個男人就等於選擇了一種生活。

男人對一個女人的影響是無法估量的。因為，男人與女人一生相依、朝夕相處，他是女人最親密的夥伴，最貼心的伴侶。女人選擇什麼樣的男人做伴侶，不僅對家庭有很大影響，而且可以說對女人的一生都有很大影響。一個好的男人能成就一個女人，一個壞的男人會毀掉一個女人。

中篇：四十不惑，迎接人生巔峰

在二十世紀，對中國最具影響力的女人當中，「宋氏三姐妹」宋藹齡、宋美齡、宋慶齡是最顯耀的姐妹組合。她們對二十世紀的中國擁有不可思議的影響力，在一定程度上影響了中國的歷史進程，也因而成為世界關注的焦點。

在她們三人成長的過程中，父親宋耀如對她們的教育、栽培決定了她們以後的發展道路。宋耀如先後把三個女兒送到衛斯理女子學院讀書。後來，這所女子學院也因培養了宋氏三姐妹而名聲大振。雖然三個女兒都留學國外，但宋耀如經常會向她們寄去書信與剪報資料，向她們介紹最新的上海情況，推薦有關的中國歷史書籍，鼓勵她們要自己努力。她們也從父親的信中得到了啟示和力量，各方面都有了很大的進步。但在她們的一生當中，最具影響力的還是她們各自的婚姻。宋慶齡不顧父母反對，毅然決定與流亡中的孫中山結婚，以堅定的步伐毫不猶豫地跟隨國父踏上了捍衛共和制度的艱苦鬥爭歷程。

宋美齡與蔣中正結婚後，面對的是一個連年戰亂、政情詭譎的中國。1936年，西安事變驚爆中外，蔣中正遭張學良扣押，在上海養病的宋美齡親赴西安協商，促使事件和平落幕。對日抗戰期間，宋美齡親赴國外參加演說，募捐資金支援中國抗日戰爭，邱吉爾對她的評價是：「這位中國女人可不是弱者！」她還親自參與空軍整建，投入婦女組訓和兒童保育工作，她是中國歷史上最活躍的第一夫人。

宋藹齡作為宋氏家族的一代掌門人，雖在民國政府裡沒有任何公職，但卻聯姻孔祥熙，善於積財，富甲天下。

現在，女人想要屬於自己的成就，擁有自己的名號，而不是某某家眷或某某夫人。不僅不願被消耗剝削，女人還有了更加擴張的思考：這個男人能幫我嗎？

能幫助自己朝著夢想前進的人，用習慣的名詞來說，就是所謂的「貴人」。但值得注意的是：這裡所談的貴人並不是指有錢有勢的豪門男

第十二章　好女人成就成功男人，優質男人帶來幸福女人

人。一個獨立且合理的女人期待的貴人不一定要有錢有勢，重點是能提供「心靈的能源」，可以支持女人做自己想做的事，協助女人克服障礙，不論是在任何方面。

聰明的女人、經驗豐富的女人都會擁有一套適用於自己的好男評估法，但生活中那些總是得到貴人協助的女性，其最重要的祕訣卻是：自己要有執著的目標。「像一部朝目標奔馳的列車，所有的男人對妳的好感都會變成妳的能源！」

她們的男貴人通常具有一些共性：首先，他是一個願意成就女人的男人。他的到來為生活帶來了切實的好處。他不是那種跟女人同聲同氣的男人，但他的意見會在生活中發揮作用。他不是一個徹底拒絕家務勞動的人，相反，他很懂得為家人適當做出犧牲。對有方向的她，他提供助力；對沒方向的她，他提供方向。他比較成熟，對生活也有一些了解，對社會更是認知頗深。

這樣的男人喜歡有動力、有理想的女人。跟這樣的女人過日子，他覺得充滿挑戰，非常有意思。從而，他不介意犧牲點自我。他是一個追求美好的男人，整潔、和順，他給人一種不斷向上的動力。他拿得起，放得起，從不畏懼困難和挫折。他是一個勇於改進自己、改善生活的人，但是心胸坦蕩，知錯就改，絕不為面子放不下身段，自始至終追求美滿生活。

【成熟大人有話說】

　　都說一個成功的男人背後會有一個女人，但事實也說明：一個成功女人背後也必將有一個提升她的男人。

中篇：四十不惑，迎接人生巔峰

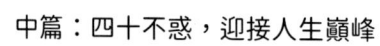

第十三章
四十歲，健康成為人生的重要課題

三十歲以前，人精力充沛，很少得病；六十歲以後，人比較注意保健養生，衰老速度並不快。但在三十到六十歲期間，正是奮鬥打拚期間，人與人之間的健康差異越拉越大。到六十歲時幾乎不可同日而語，有的精神矍鑠，有的已然過世。因此，人生健康的差異取決於中年。四十歲左右正處於人生的關鍵階段。如果能在這個關鍵階段掌握好自身的健康，就會六十歲以前沒有病，八十歲以前不衰老，輕輕鬆鬆一百歲。

1. 男人健康狀況越來越差

健康比金子還寶貴，生命與健康就是一條單行線，「奔流到海不復回」。

第十三章　四十歲，健康成為人生的重要課題

健康專家說：「現在男人們死得越來越快了。」為什麼？因為社會給男人的壓力太多了，給男人戴高帽戴得太多了、太過了，硬把男人當強者，結果男人死得越來越快了。

當今社會生活緊張，工作繁忙，壓力大，節奏快，而人們的思想中依然保留著「女人是弱者，男人是強者」的觀念。一些人常說：「做女人難。」其實，做男人比做女人更難，可以說是難上加難！因此，以前人常說的「三十而立，四十不惑」，如今也變成了「三十而栗，四十不活」。

男性的健康問題與婦女、老人、兒童的健康同等重要。人類社會是由男女共同組成的，任何一部分出了問題都必然影響到整個社會的健康發展。以前，過分強調保護弱勢族群，因而「男人」也成了強壯、健康的代名詞。這種一代一代沿襲下來的觀念，其影響可謂深入人心，不論是男人自己還是女人，每個人從小就會有這樣一種觀念，男人應該活得像個男人。因此，在上有老、下有小、前有上司、後有老婆等重重壓力下，男人被逼上了健康的絕路。

著名影星歡歡自殺、知名作家三毛突然自殺身亡時，都令人十分震驚。於是，許多人就有了這樣的印象：「女人特別喜歡自殺。」這種觀點從表面看來似乎不無道理，但實際情況卻不是這樣。有人對自殺現象做過統計，結果發現，男性自殺率明顯高於女性。企圖自殺的女性是男性的四倍，這個數字也許還是一個保守的數字，但真正自殺的女性卻不那麼多。男性自殺成功的人數約是女性人數的三倍。有人做過統計，在所有企圖自殺的人中，男性只占9％，而自殺成功的人中，男性約占70％。實際上，自殺成功的男性人數比這還要多。

一個正值四十歲的男人，如果希望獲得長久的快樂和幸福，不僅要學會關心和照顧好身體健康，還得時時關注自己內心的健康。要知道，

中篇：四十不惑，迎接人生巔峰

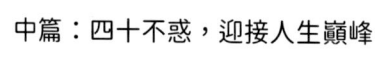

在女性地位提高的今天，男人同樣也是弱者，也需要關心和關愛。現代的男人切不可有淚不輕彈，有話不愛說，有病不去看，有家不愛回。

【成熟大人有話說】

男人不是打不倒的銅牆鐵壁，一個男人要想好好地活著，就要學會關心自己的身體健康，注意自己內心的健康。不要「四十歲之前拿命換錢，四十歲之後用錢續命」！

2. 保養是女人每天的美容課

柴契爾夫人曾說：「女人一生所犯的最大的錯誤，就是忘記了自己是女人。」

一個男人在外工作所見的女人，都打扮得整整齊齊漂漂亮亮，而回到自己家裡見到自己的老婆卻是蓬頭垢面，一副懶散的樣子，對比之下，難怪他會覺得彆扭。

有些女人雖已做了媽媽，可是仍然青春煥發，美麗動人，她們處於事業上升期，對職業發展還有很多憧憬；她們的孩子可愛而且懂事；她們有一種年輕人所沒有的風韻和魅力。人人見了她都會說：「妳保養得真好！」這就是女人會保養的結果。

三十歲，是女人肌膚保養的一道坎，如果不及時保養，肌膚會老化得很快。保養對於延緩肌膚老化在短時間內也許看不出差別，但三年、五年、十年過去，妳就能感受到保養所帶來的美容奇蹟。

保養要趁早！強調越早越好，是因為越早開始，妳的皮膚才能夠保持那個時間的狀態。如果妳從四十歲才開始保養，那麼就只能保持四十

歲的狀態了。要知道，皺紋和斑點都是不可逆的，一旦發生，就很難回到以前的狀態。

再一個，就是堅持了。保養不是立竿見影的事，越到後面越能見功效。所以，妳應該現在就開始皮膚保養的工作。

◆ 第一步：潔膚

美麗的女人像花朵，只有精心呵護才能綻放美麗的容顏，而水是最好的護花聖品，沒有水花會枯萎，女人也一樣。如果能夠把皮膚徹底地清潔乾淨，護膚的問題就解決了80%。所以，要想做個嬌嫩欲滴的「水美人」，就要學會潔膚。

清潔皮膚主要有三大好處：一是清潔掉沾染在皮膚上的一些灰塵、細菌和汗垢；二是清除皮膚自體每天分泌出的油垢和汗液；三是清潔在皮膚上的化妝品。如果化妝品不及時清潔，那麼皮膚會像長年累月地浸蝕在一個不清潔的液體或者膏體之中，長期這樣，皮膚就會受到嚴重的侵害。

潔膚產品可選用最常見的洗面乳，洗面乳又分為美白型、補水型、去油型等。美白型和補水型的洗面乳通常泡沫不多，甚至有些幾乎沒有泡沫，用上去還感覺黏黏的，用後卻比較滋潤。去油型的洗面乳泡沫一般較多，有些去油型洗面乳含柔珠，清潔能力強，潔面後感覺比較清爽，所以深受油性肌膚女性的歡迎。總體來說，洗面乳適合不同膚質的女性在不同季節使用，每一種肌膚類型的人都可以從洗面乳中選出適合自己使用的產品。

◆ 第二步：營養肌膚

面膜是最常用的肌膚營養產品，它不僅能有效幫助肌膚清潔，並且可以有針對性地對肌膚進行一定程度的補救，同時給肌膚增加各種營

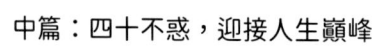

養。面膜大致可分為保溼面膜、清潔面膜、去油面膜、抗衰老面膜、美白面膜五類。保溼面膜能幫助肌膚迅速補充水分；清潔面膜能有效清潔肌膚，改善膚色；去油面膜能幫助肌膚去除多餘油脂；抗衰老面膜有抗皺、防衰老作用；美白面膜能幫助肌膚美白，淡化色斑。但是，面膜不能天天使用，每週應控制在兩到三次，每次的時間以二十分鐘左右為宜。敷臉後的貼式面膜還可以再敷脖子、手臂等地方，從而使面膜發揮最大功效。

值得提醒的是，加班熬夜後不要做面膜，在這個時候人的皮膚容易充血、僵硬、免疫力下降，此時不能受到刺激，這時做面膜很容易出現紅疹、刺痛的現象。

◆ 第三步：補水

缺水怎麼當美女？水可是最高級的化妝品，認識水的美容功效也是不可少的一課。

保養肌膚，僅有外部保溼是不夠的，平常最好多喝水。如果妳未喝足夠的水，妳的皮膚將起皺鬆弛。而且，水不僅是肌膚最基本的輔助劑，還是一種奇妙的清潔劑。幾乎所有的美容醫生都建議我們每天要喝六到八杯水，即 $2,000 \sim 2,500 cc$ 的水，以便充分地替皮膚細胞補充失去的水分。

當然，喝水也是有講究的。水可分為硬水和軟水，軟水雖然容易洗淨妳的衣服和碟子，但它對身體卻不如硬水那樣有利。硬水是富礦水，含有較多的鈣和鎂。只有多喝硬水的人看起來才年輕，這是因為硬水中的礦物質有助於防止動脈硬化、高血壓、心臟病等心血管系統病。一些老年人問題研究專家指出，喜馬拉雅山周圍地區的百歲老人之所以那樣多，跟他們對高度礦物質化的水的依賴是緊緊相連的。

有些地區的生水很容易洗淨油汙，有些地區的生水則沒有這個優點，從中妳就可以大致得出這樣一個判斷——能輕易清洗碟子上油蹟的生水一般是軟水。一般說來，井水與河水多為硬水，自來水、雪水、雨水大都為軟水。

條件允許的話，每日最好飲八杯水，即起床一杯水、每次餐前半小時一杯水、運動前一杯水、浴前一杯水、睡前一杯水。

◆ 第四步：防晒

女性要想嫩膚，最該注意的是少晒太陽，陽光中的紫外線可以加深皮膚的顏色，也可以加速皮膚老化進程。

防晒霜就是主要針對陽光中的 UVA／UVB 對肌膚的傷害的產品，比較適合在戶外、夏季等紫外線更加強烈的情況下使用。另外，防晒隔離霜除了可以抵禦 UVA／UVB 的傷害，還可以隔離髒空氣、汙染及彩妝給肌膚帶來的負擔，也適合每天使用。

在夏季，面部由於彩妝的負擔，較平時更容易出油，因而對防晒產品的品質要求更高。建議選擇採用超凡輕盈水質、塗抹舒適、防水防汗配方的防晒產品，這樣才能不堵塞毛孔、不生粉刺，清爽無負擔。

還有，眼睛是全臉肌膚最嬌嫩的地方，因而面部防晒霜不宜使用到眼部。眼部的需求和面部需求完全不一樣，就像面部使用面霜，而眼部就需要使用眼霜，所以眼部最好使用眼部專用防晒霜，既可防晒又滋潤眼部肌膚。

此外，在通常情況下，防晒霜需要一定的時間才能被皮膚吸收，所以應在出門前二十分鐘擦防晒霜，並且在室外活動時應每隔兩小時補擦一次，以防防晒霜在不知不覺中隨汗液殆盡流失。

中篇：四十不惑，迎接人生巔峰

◆ 第五步：護髮

　　頭髮是女人柔情萬般的性感工具，當女人的髮梢滑滑地掃過男人的肌膚時，會傳遞多少縷柔情蜜意。更重要的是，頭髮也是年輕的一個重要代表。不枯黃、不乾燥、不油膩，才是女人年輕的標準。

　　過去我們都習慣在商場或超市中購買洗、護髮產品，現在不一樣了，時尚潮流驅動我們開始去專業髮廊，像在護膚品專櫃選擇適合自己的產品一樣，去髮廊選購適合自己髮質的洗護產品。使用專業的洗髮精、護髮素可以保護秀髮，滋潤、順滑髮絲纖維，使秀髮如絲般柔順亮澤，易於排除纏結頭髮，能為髮絲受損部分帶來深層修護，強化髮質，且無絲毫沉重感，也為燙後、染後或有問題的敏感頭髮帶來生機。

　　經常燙染拉的女性朋友，選擇一款適合自己的洗髮精，並定期做髮膜修復保養，讓妳的頭髮光滑垂順。當手指輕輕滑過秀髮，溫柔細膩，清香撲鼻，男人會為妳狂熱、為妳著迷。因此，在出門前使用具有防晒效果的護髮精華，以免紫外線加速頭髮褪色變淺。修護時，選用含有維他命的染髮專用洗髮精、潤髮乳也是十分必要的。

　　女人啊，年輕的日子就那麼幾年，要是不好好保養，會老得非常快。

【成熟大人有話說】

　　女人的美是天生的，更是後天造就的，想做美麗女人就要學會保養。

3. 四十歲的男人，不要再放任自己

多年前聽過這樣一個故事：

有一個富翁犯了罪，被帶到縣衙審問。縣太爺為了證明自己是個清官，提出三種懲罰的方式讓富翁選擇：第一種是罰五十兩銀子；第二種是抽五十皮鞭；第三種是生吃五斤大蒜。

富翁既怕花錢又怕挨打，就選擇了第三種。

在人們的圍觀下，富翁開始吃大蒜。「吃大蒜倒不是什麼難事，這是最輕的懲罰。」當他吃了第一顆大蒜時，富翁這麼想。可越往下吃越感到難受，吃完兩斤大蒜的時候，他感到自己的五臟六腑都在翻騰，像被烈火炙烤一樣，他流著淚喊道：「我不吃大蒜了，我寧願挨五十皮鞭！」

執法的衙役剝去富翁的衣服，把他按到一條板凳上，當面把皮鞭蘸上了鹽水和辣椒粉。看到這種情境，富翁嚇得膽戰心驚，當衙役打到了第十下時，富翁痛得屁滾尿流，叫道：「青天大老爺，可憐可憐我吧，別再打我了，罰我五十兩銀子吧。」

很多事情都是這樣的。有些人為了省錢，寧願忽視自己的身體。可是等到他吃夠了苦頭，不得不為健康大把花錢的時候，所有的事情也已經太遲了——罪也受了，錢也花了。早知如此，何必當初？

21世紀是個競爭激烈、人才輩出、群星閃耀的時代，各路菁英異軍突起，引領風騷，創造了一個個奇蹟。但同時，卻又有許多青年英才、企業家、科學家相繼倒下，他們不是死於工作，而是死於對健康的無知和漠視。

俗話說：「人生有三大悲：幼年喪父，中年喪夫，老年喪子。」作為一個男人，他們總是在不斷地追逐夢想、渴望成功，因為生活壓力、精神壓力把自己逼上梁山，只知道要爭口氣，打拚一片自己的海闊天空，才能有資本在別人面前挺直腰桿。但可悲的是，他們許多人往往忽視了

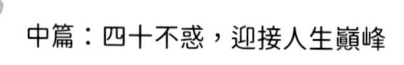

自己的健康問題,以致「贏得了世界,而失去了生命」。

四十歲對一個男人的事業來講,可以說是黃金的年齡,意味著成功、財富、成熟。但這個年齡同時也是身體狀況走向下坡的時候,許多疾病會在這個時候主動找上門來。因此,專家提醒四十歲的男人,從現在開始關注健康或許還不算晚,只要四十歲的男人不再自覺或不自覺地「自我摧殘」,放任自己做各種有害於健康的事情,健康就會是你一生中最大的幸福。

下面的習慣會對男人的健康造成極大危害,需引起大家的關注:

(1) 嗜菸者會導致陽萎

研究發現,抽菸者的陰莖血液循環較差者占四分之一,而不抽菸者僅占5%,相差五倍。因此,病理學家認為,菸鹼酸可能會引起血管收縮。抽菸是動脈硬化的主要致病因素之一,而向陰莖供血的小動脈硬化達到相當程度時,勢必導致陰莖尤其是勃起時的血流量減少,而陽萎正是其造成的惡果之一。同時,研究者還發現,抽菸者陰莖勃起強度較差的比例明顯高於不抽菸的男子。

(2) 嗜酒會損害生殖系統

長期以來,人們一直用酒助興和以酒助「性」,所以,在許多人的心目中總是把美酒看成性愛的夥伴,而且,生活中確實有不少夫妻在做愛之前喜歡暢飲幾杯。對於一些人來講,適量飲酒是可以起到助興和激發情慾的輔助作用。但是,酗酒成性者多會引起慢性酒精中毒,他們的生殖系統會不同程度地受到損害,精子成活率顯著下降,睪固酮濃度降低,陽萎發生率達 40% ～ 67%。因此,有人稱酒精是破壞夫妻性生活和諧的最大凶手。

(3) 不要隨意增加性生活頻率和時間

在有些男性看來，性生活總與男人的力量和尊嚴連繫在一起，當他們的性生活已經過頻的時候，並沒有清楚地意識到這一點。因此，當他們已經從性生活中得到快感之後，還會繼續強化自己的性意識，企圖在最短的時間內再度勃起，用意志的力量支撐疲憊不堪的身體進行性生活，這對身心健康無疑會造成很大的危害。

(4) 勞累過度和生活懶散是健康大敵

人到中年一定要學會正確地對待生理危機，在工作之餘要保養好身體，注意飲食、預防疾病、科學保健，寧可透支金錢，也不可透支身體。

正如有人說的一樣：「你可以高燒四十度還堅持工作，但你解決的問題和你製造的麻煩一樣多！」有些優秀中年男性早逝，其主要原因就是他們的勞動強度過大和生活無規律。而古今中外，沒有一個生活無規律者能長壽，而生活規律、起居有時、飲食有節，恰恰是長壽者共有的特點。

(5) 心理健康也很重要

心靈平靜了，心理就平衡，生理就穩定，病理就不發生，即使發生了，也能很快恢復。隨著醫學科學的進展，人們越來越明確地認識到精神因素在一些疾病的發生、發展上所具有的重要作用。比如：強烈的焦慮，長期持續緊張，憤怒和壓抑等，常常是高血壓、心臟病的誘發因素，並能使病情加重。又如，長期或強烈的劣性精神刺激能引起憂慮、哀愁、恐怖等，並且會降低人體的免疫功能，使人容易患癌症。因此，有人說：「一個好的心態就是大自然恩賜你的最好的健康法寶。」

中篇：四十不惑，迎接人生巔峰

【成熟大人有話說】

　　四十歲的男人，一定要停止透支健康的行為。擁有了健康就擁有了希望；失去了健康，就失去了一切。

4. 男人也有更年期

　　面對越來越大的生活壓力、工作壓力，身體不適的人也越來越多，究其原因，都是不善於自我管理，日常生活方式不健康所造成的。從最新的醫學觀點看，四十歲以後的男人進入了更年期的前兆階段，一部分男人甚至已經有了更年期的困擾。男性更年期症狀不太明顯，因而常被人們所忽視。更年期作為從壯年進入老年的過渡階段，是一個不以人們的意志為轉移的客觀過程，是人體必經的變動時期。

　　老李大學畢業後走向社會，經過二十多年的奮鬥，已經站穩了腳跟，事業有成。可以說，生活安定，工作順利，家庭幸福。在今天的社會裡，完全沒有工作壓力是不可能的，而老李所承受的工作壓力也屬於正常範圍之內。可是，最近兩三年來，老李卻常常感到一種說不出的煩惱，有時覺得精神很空虛，儘管生活上什麼都有了，卻總覺得現在不如當年剛出社會時的那種清貧生活有意思。當年工作幾天不休息都不在乎，現在坐一天辦公室下來卻感到累。更糟糕的是，他有時候會為一點小事向孩子發脾氣。在工作上，有時也會為一點小事與同事爭執不休。在家裡似乎與妻子無話可說。

　　其實，老李沒有病，他僅僅是千千萬萬經歷男性更年期的男人中的一個。和女人一樣，在更年期，男人也常有一種失落感，有時還更嚴重些。先兆就是心理機能減退，體力漸衰，常常感到「力不從心」，需要更

多的休息,甚至懷疑自己的工作能力。有些人可表現為多疑、猜忌、精神無法集中、血脂改變、心悸、口乾、多汗、浮腫等。

不過可喜的是,男人根本沒必要去害怕更年期,因為男性的雄性激素(男性荷爾蒙)缺乏是可以治療的。一旦你使自己的荷爾蒙平衡,並補充了衰老的過程中所失去的荷爾蒙,你也將會感受到幸福、精力和性的活力。只是由於大多數男人在自身荷爾蒙分泌能力逐漸衰退的時候選擇了沉默,他們總認為說出來就等於承認他們不再「有男子氣概」或不再是「男人」了。其實,這是大可不必的。

更年期是一種挑戰,需要做很多事情去戰勝它。一旦你懂得怎樣去平衡荷爾蒙,所有的事情就變得簡單了。對於更年期,男人和女人是相同的,所要做的就是相互理解和相互幫助,適時地去檢查並補充男人所需要的性荷爾蒙──睪固酮、雄性激素、孕酮、脫氫異雄酮,這樣自己的生活就會再度變得幸福美滿起來。

要獲得幸福,就需要客觀地看待自己在人生這齣戲中所扮演的角色。為了保持健康,你所要做的就是使自己的荷爾蒙平衡。這是一個好的開始,也是一個康復的起點,更是使男人走向另一個性感歲月的臺階。

【成熟大人有話說】

不要認為只有女人才有更年期,男人同樣有更年期。男人到一定的年齡,隨著身體分泌的雄性激素的減少,也會進入更年期。

5. 人到四十，要格外注意飲食

食物成分是構成人體細胞、組織、器官及其生長、更新的原料，更是維持內分泌及新陳代謝等生理活動不可缺少的物質資源，所以，人的健康狀態和情緒的好壞，直接受到食物的影響和制約。

俗話說：「男人四十，十面埋伏。」四十歲是人生的轉捩點，發病的危險性大增。再加上，正值中年，工作、社會和家庭的壓力普遍加大，這個時期的男人往往會出現情緒低落、容易疲勞、不願運動、失眠、頭痛、注意力不集中等「亞健康狀態」。因此，要預防各種疾病的悄然襲來，減少疾病，飲食就要格外注意。

第一，飲食的結構和內容要合理。即攝取的食物是多品種、多成分的以及它們在數量上的合理搭配。比如：我們常吃的「番茄炒蛋」就是食物搭配中最成功的例子之一。蛋中含有豐富的蛋白質和各種維他命，如維他命 B 群、菸鹼酸、卵磷脂等，但唯獨缺少維他命 C，而番茄中卻含有大量的維他命 C，正好彌補了它的缺陷，所以二者放在一起吃能起到營養互補的作用。

第二，就是避開「減壽食物」。比如：皮蛋在製作時常添加一定量的鉛，若經常食用就會引起鉛中毒，同時還會造成身體內鈣質的流失；臭豆腐在發酵過程中極易被微生物汙染，同時又會揮發大量鹽基氮以及硫化氫等，這些都是蛋白質分解的腐敗物質，對人體都有害；味精每人每日不可超過 6 公克，否則有害無益；還有烤肉、醃菜、油條等，這些食物不但含有對人體有害的物質，而且久食還會有致癌的可能，應盡量少吃或不吃。因此，食物的選擇，首先要注意食物的搭配，食物搭配不當或偏食都會影響健康。

第三，就要注意飲食中的五味調和，寒熱相宜。有人說：「男人

第十三章 四十歲，健康成為人生的重要課題

四十一枝花。」倒不如說是：「男人四十一道坎。」四十歲左右的男人正在處人生事業的巔峰，但這一階段也正是許多疾病的病發時期。一過四十歲，中年男性的生理機能便開始從峰頂下滑，部分器官開始衰退，所以許多疾病都會在這時爆發或顯現。「慢性疲勞症候群」正在尾隨著四十歲男人，腰酸背痛、昏昏欲睡、記憶力減退、夜尿增多、食慾不振、性慾不振等諸多症狀的連鎖反應造成心理焦慮不安，發展下去，胃病、心臟病、糖尿病、高血壓、攝護腺肥大也將與自己扯上關係。

防治各種慢性疾病成為這個階段營養進補的重中之重。膳食多樣化，以穀類為主；多吃蔬菜、水果和薯類；常吃奶類、豆類及乳製品；吃適量的魚、禽、蛋、瘦肉，少吃肥肉和葷油；要清淡少鹽，同時飲酒限量。

《黃帝內經》中就已提出「五味入五臟」的理論，認為酸入肝，苦入心，甘入脾，辛入肺，鹹入腎，這樣就可以運用五味來滋補五臟。值得注意的是，五味不要偏嗜，否則就會產生反作用，從而破壞體內陰陽的相對平衡。食物中除了五味的差別之外，還有寒、熱、溫、涼的不同性質，其中寒涼屬陰，溫熱屬陽。古代養生家透過實踐總結出苦辛化陽，酸甘化陰，苦鹹化瀉，甘淡緩中等飲食養生經驗，極大豐富了飲食養生的內容和方法。

另外，合理飲水也是養生的一個重要組成部分。人體任何一個細胞都不能缺乏水分，成年人身體的 60% 以上是水分，而老年人的水分則占體重的 60% 以下。從某種意義上來說，人體的老化過程也伴隨著一個乾燥過程。因此，水不但是人類生命過程中不可缺少的物質，而且是構成人體組織的重要部分，對人類的健康影響很大。如果男士們想要保持健美的肌肉，就必須飲用足量的水，因為肌肉中的水要比脂肪中的水多三

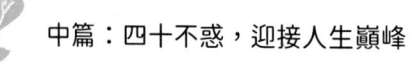

倍。中等身材的男士每天必須飲用 8 杯水，而運動量大的男士對水的需求量則更大。

在正常情況下，一個成年人每天需攝取的水應達到 2,500cc。若因運動出汗過多，或發熱、腹瀉等損失水分時，則須相應增加進水量。喝水不要等到口渴了才喝，感到口渴時已表明體內水分失去平衡，細胞失水已達到了一定程度。因此，應養成定時喝水的習慣。一次的攝水量不應太大，這樣會加重胃腸和腎臟負擔，尤其是患心腎疾病的人更應注意。

水質的優劣對健康的影響也不容忽視。飲用水的品質不好，也會影響人體的正常生理活動。如水被病原微生物所汙染，飲用後就可能造成傳染病；水中微量元素含量過多或過少，長期飲用會引起某些疾病。所以，飲水時應特別注意水質。

【成熟大人有話說】

四十歲是人生的轉捩點，發病的危險性大增。對於四十歲的人來講，合理飲食也是一種養生之道。

6.「更年期」可以更年輕

女人到了四十到五十五歲時，就會出現一些異常的反應：一會兒心慌胸悶，一會兒頭暈眼花，一會兒臉紅出汗；血壓忽高忽低，心情就跟盪鞦韆似的──忽起忽落、激動易怒、焦躁不安。而且疑心重、失眠多夢、食慾不振、記憶力減退、思想不集中，心裡想的和嘴上說的會「分家」、腹脹腹瀉、便祕、浮腫。性格也變得不讓家裡人喜歡，孩子嫌妳囉嗦，丈夫嫌妳嘮叨，給人的印象是妳總是疑神疑鬼、神神叨叨。這些就

是更年期症候群的表現。

更年期的到來，在影響女性生理的同時，對其心理的影響更大。許多進入更年期的女性因整日擔心自己的衰老而憂心忡忡，再加上繁重的家務、工作的壓力，常會胡思亂想、憂鬱煩躁，甚至悲觀厭世，為自己和家人帶來很多困擾。

在四十歲的時候，女人應該正視自己生理和心理上的這些變化，平安地度過心理更年期，做一個四十歲魅力女人。其實，「更年期」不是人生的障礙，「更年期」也可以變得「更年輕」。

面對更年期，我們要採取積極樂觀的態度，不要害怕，也不要焦慮，要積極地、有準備地從知識上和精神上去迎接它。

有人調查了122名患心臟病的人，這些人裡有樂觀者，有悲觀者。八年後重訪，發現悲觀的25人中去世了21個，樂觀的25人中去世了6個。這個結論理應讓我們保持樂觀，不論你有著怎樣的不幸，生命還在，不是嗎？更何況，保持樂觀積極的心態，才能讓快樂長久、生命長久。

要有良好的心態，要學會忘記、寬容過去。不原諒別人，等於給了別人持續傷害你的機會。要勇於向前，以柔克剛，寬容大度，反應得體，推己及人，勇於承認自我。如果不善於妥協，對當前狀況不滿意，那你就會永遠生活在痛苦中。

養成一種習慣，善於發現生活中美好的方面。學會欣賞每個感動的瞬間，熱愛生命。「愛人者人恒愛之，敬人者人恒敬之。」懂得關懷獲得朋友，懂得放心獲得輕鬆，懂得遺忘獲得自由。活在當下，心態似陽光，相信未來一定會比現在更美好，微笑前行。

女人如花。花有盛開和凋謝，花需要澆水和呵護。人也是如此，如

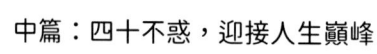

果自身素養好，心態平和，慈愛寬容加上愛人的細心關愛，精心呵護，那麼女人的生命之花能盛開百年而不衰，歷經第一春，第二春而不敗，「更年期」也就不再是人生的障礙，而成了「更年輕」。

心態是一個人內心的想法和表現。健康的心態是樂觀的、包容的，就像潺潺溪流，清澈喜人，充滿生機；不健康的心態是悲觀的、消極的、灰暗的，就像被風塵所覆蓋的乾涸的心泉。一個人如果被一些不良心態所左右，他人生的航船就會駛入淺灘；一個人如果一生都能保持美好、自信的心態，那麼他人生的路就會越走越寬。

一位心理學家曾這樣論述人生與心態的關係：人生是好是壞，並不是由命運來決定，而是由你的信念和處世的心態來決定。生命像一條溪流，在歲月的原野上不斷地流動著，如果你不主動地、有計畫地掌穩自己的航向，它就會隨波逐流。如果你不在自己心理和生理的土壤中播下期望的種子，那麼荒草便會蔓生；如果我們不主動地把自己的心態導向積極的一面，消極灰暗的心境就會像一隻不祥之鳥四處飛撞。

任何事情都有兩面性，有利也有弊。換個角度，便會有不一樣的感覺。

的確，凡事只要換個角度，積極地從好的一面去想，便能發現真正的快樂。如果我們執意地強求一些不可能的事，那豈不是跟自己過意不去嗎？

【成熟大人有話說】

更年期和青春期一樣，是人一生中重要的坎，只不過青春期是在為花開做準備，更年期則是在為凋謝做鋪墊。

7. 中年人亞健康狀態與對策

人活在世，不順心之事十有八九。生活中難免會有一些磕磕絆絆，難免會有一些誤解糾紛。在民間，曾有一種說法叫做「人到壯年萬事憂」。因為人到中年既要承受來自工作、生活等各方面的壓力，同時，又由於處於好強的年齡，勢必會造成過重的心理壓力，最終導致很多人處於亞健康狀態，甚至英年早逝。

現代醫學在治療這些疾病的過程中，不僅採用藥物治療、手術治療的方法，而且也越來越重視心理治療的作用。其中，保持寬容的心態就是一種很好的心理療法。

近年來，許多中年人經常會感到全身乏力、頭昏、頭痛、胸悶、心慌，並常常伴有氣短、情緒低落等現象，但到醫院多次檢查卻無明顯器質性改變。針對這種情況，醫生往往用「亞健康」狀態來解釋。造成中年人亞健康狀態的原因有多種，但以下幾點不能忽視：

(1) 超負荷壓力

這種壓力既包括身體上的，又包括心理上的。身體上表現為長期超負荷勞累、持續不斷的工作學習，導致睡眠不足，疲勞得不到及時消除而導致過勞。心理上表現為壓力過大，激烈競爭使人精神高度緊張，精疲力竭。從而出現身心過度勞累，即所謂「疲勞症候群」。長此以往，人體組織器官會發生嚴重功能紊亂，導致免疫功能下降和各種疾病。

(2) 人際關係緊張

研究顯示，有支持性社會關係的人，能較好的應對和處理應激，以及防止身心障礙。「亞健康」狀態的人表現為無聊、無助、煩惱等，往

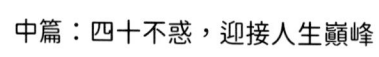

往是由於缺乏親密的社會關係和友誼引起。大量證據指出，缺乏社會支持是導致心理和生理障礙的一個重要因素。

(3) 不良生活方式

由於激烈的競爭，中年人疲於事業上的奔波、應酬不斷、運動減少、生活不規律、過量飲酒、抽菸等對身心均造成不良影響。世界衛生組織在一份報告中指出：已開發國家七成，開發中國家四成的死亡是由不良生活方式造成的。愈是經濟發展，不良生活方式占死亡因素的比重愈大。

(4) 綜合因素

影響人體健康，發生亞健康、疾病，是複雜的生物、心理、社會等綜合因素作用，各因素之間相互抑制、相互促進、錯綜交織。根據現代醫學理論，人體是一個多因素相互制約、相互協調的有機平衡體。這個有機平衡體由許多體內及體外子平衡系統相互制約與協調，得以維持大平衡系統的穩態。穩態的保持就是健康，穩態的破壞則是疾病。

亞健康狀態產生的根本原因是由於這個大平衡系統中的個別或若干子平衡體的穩態調節發生或出現障礙，影響人體大平衡系統穩態的自我調節或相互調節的功能，進而降低其協調能力，使得人體對內、外環境變化的適應性降低。但在這個階段，人體的大平衡狀態尚未被破壞，只是處於臨界水準中，此狀態即人體處於亞健康形態。就人群而言，中年人是亞健康發生最集中的族群。

要想保持健康，建議中年人每天早晚跑步鍛鍊。此外，飲食習慣也很重要。每天的飯桌上蔬菜是不能少的，水果也要為伴。還要學會調節

自己的情志，放慢自己的腳步，釋放壓力。讓自己處於一個平衡狀態，才能遠離亞健康。

【成熟大人有話說】

亞健康是介於健康者（處於第一狀態）和疾病患者（處於第二狀態）之間的一種部分生理功能下降的狀態。亞健康狀態的人，處理得當身體可向健康方面發展，反之則向疾病方向轉變。

中篇：四十不惑，迎接人生巔峰

下篇：
五十不懼，開啟人生新篇章

五十歲的人，是家庭的主力，既要扮演丈夫或妻子的角色，又要扮演父親或母親的角色，還要扮演兒子或女兒的角色。事業上，他們是工作中的核心，他們的理解力、辦事能力、為人處世能力比較成熟，更有責任心。五十歲是人生的黃金分割點，是一個人晚運開始的時候。對於健康，對於事業都是這樣。可以說，五十歲人的事業正處於巔峰期與衰退期的交界處，是人生的轉折期。無論是在事業上繼續發展，還是準備退休，他們都面臨著轉折。

下篇：五十不懼，開啟人生新篇章

第十四章
五十歲，人生的轉折關鍵點

　　五十歲的人，爭過了，拼過了，心寬了；得意過，失意過，留戀過，一切都習慣了。當年的豪氣化作了寬容，當年的稜角磨成了圓潤，當年的拼鬥換來了今天的安逸。偶有不順，一笑了之，並不放在心上。五十歲的人，心專了，因為沒有了家庭瑣事的干擾，可以專心致志地幹點自己喜歡的事。五十歲的人做事、做人都讓人放心。五十歲的人充滿回憶，五十歲的人需要親情，五十歲的人渴望健康。有人說，「五十歲往回走，帶著老皮老臉走回到嬰兒的心態。人生另一個狀態才剛剛開始。」

1. 五十歲的男人是精品

　　有人說，男人五十歲到五十五歲是個關口。官再大，錢再多，也擋不住。

第十四章　五十歲，人生的轉折關鍵點

　　五十歲的男人有一個共同的特點，就是特別懷舊，特別不服輸。男人的立足之本是事業，如果工作對他來說能體驗他的能力、才華和價值，使他充分地運用自身的優勢去獨當一面並取得成績，那麼工作就是他的精神寄託，是他的事業，是他生命中最重要的一部分，是他驕傲的資本。

　　五十歲的男人，動手能力很強，逢場作戲的本事是那些涉世未深的小毛頭望塵莫及的。五十歲的男人，體力不及三十歲的一半，故一天只做一件事，不要再拚命了。敢請病假，勇於示弱，敢說自己不行，敢說不知道，敢背著手走路，敢坐在河邊的石頭上看一張撿來的報紙。創新要有，學習不停，但也要「在這個時間停下腳步，伸出雙手觸摸這世界」。

　　五十歲的男人，心態成熟，懂得世態炎涼，能做到寵辱不驚，心如止水，淡泊名利，對人間大悲大喜泰然處之。五十歲的男人是成熟的果子，經歷了風雨彩虹，經歷了坎坷磨礪，少了許多衝動，少了許多狂熱，但多了理性，多了冷靜。在對待愛情上，少了一份對欲望的期盼，增加了一份對責任的恬量。在人際交往上，多了一份矜持，少了一份隨意，多了一份誠意，少了一份虛偽。生活擔子兩頭挑，上敬奉關愛老人，下教育關愛子女，中間還需攜手妻子。

　　五十歲的男人，早已將情事閱盡，懂得了如何對女人進行百般的呵護，如何俘獲女人的心。他們的嘴裡很少流出甜言蜜語，卻能讓女人為他們平實的話語感動。他們有時會依偎在女人懷中像個撒嬌的小孩兒，讓女人心中的母愛油然而生；有時又會像個年長的智者，令女人欽佩不已。

　　五十歲的男人，面對女人考慮得最多的是穩，而不是愛。無論女人

下篇：五十不懼，開啟人生新篇章

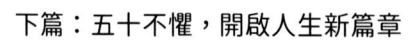

怎樣努力，他們的心都不為之所動。即使和一個女人的感情真正到了如膠似漆的地步，但只要這個女人的存在威脅到他原本平靜的生活，五十歲的男人便會果斷地舉起刀，將所有的情感攔腰斬斷，任憑面上帶著女人的斑斑血淚，也絕不手軟。

五十歲的男人，胃病、心臟病、高血壓都來了，要每天鍛鍊一小時：氣功、太極或是其他運動。記住：運動一小時，會延長生命一小時。

五十歲的男人，牙開始掉了，認真做一頓飯吃，哪怕是一鍋粥，或是一盤蝦米白菜。

五十歲的男人，頭髮白了，臉色灰了。一咬牙，穿一件幾千元的上衣或是一萬元左右的皮鞋吧。夢想中的家用電器也別省錢，上半年賺錢買個iPhone，下半年賺錢買個勞力士，錢是帶不走的。走累了，也搭一回計程車吧！路過花店時，買一支自己喜歡的花，不要怕別人指點，高興地舉在手上。

五十歲的男人，晚上十一點要早點睡覺，別熬到早上兩三點再睡。一年一體檢，多修修自己這部老爺車。

五十歲的男人，什麼氣也別生了。「有客談浮事，無言指落花。」準備別人叫你爺爺，別讓人說你為老不尊。

五十歲的男人，別忘了行孝，常回家看看父母。

五十歲的男人，要多做善事，回饋社會。捐點錢給失學的孩子，駐足與老人談天，笑著摸摸小孩的頭頂。千萬別臨老了，再犯了酒色財氣的錯。一聲長嘆，知天命吧！

五十歲的男人，如果有條件，每天休息半天，或把工作狠狠砍去一半。找個下午，關了手機，忘了責任，沏一杯茶，看夕陽落山，甚麼也不做了。

第十四章　五十歲，人生的轉折關鍵點

　　人到五十，虛度與否，不問事業成就，不論財富多少，能擔得起責任，對自己負責，首先可稱之為「有品」；有文化、有思想、做事有主見、做人講道德、處世有愛心，可稱之為「上品」；有閒情、有逸致、懂幽默，既風流倜儻，又有懷舊情結，逍遙自在又能自律的男人，就是知天命的「精品」男人了。

【成熟大人有話說】

　　別說五十歲是男人的黃金年齡，他們最害怕的是青春的消逝。五十歲的男人有時候是矛盾的，卻也是可愛的。五十歲的男人，是精品，更是極品。

2. 女人五十，人生的另一個高峰

　　女人到了五十歲，是到了人生的另一個高峰。這時候的女人已經完成了戀愛、結婚、生兒育女等女人的必經之路。比二十年前更懂得「愛」，更懂得「情」。她知道如何去愛和被愛，知道如何去處理愛情、戀情、親情和友情。這時候的她，不會再像情竇初開那樣忸忸怩怩，不知所措；而是會落落大方，瀟灑自如，分寸有佳地對待異性。這時候的她，舉止優雅，婀娜多姿，儀態萬千，別有風韻，一顰一笑散發著一種成熟。

　　女人二十多歲希望的是浪漫情趣；三十歲後，渴望丈夫能分擔家務、教育子女和重視家庭；四十多歲的女性希望丈夫有足夠的時間，聽自己發發牢騷；而到了五十歲，女性回歸浪漫，注重起綿綿的情話和細微的關懷。女人五十才最懂得生活，經歷了這麼多，她們知道年齡不是美麗

215

下篇：五十不懼，開啟人生新篇章

的敵人，青春永駐需要的是一顆永不認輸的年輕的心。

女人五十最完美。五十歲的女人不再有幻想，不再有年輕的容顏。五十歲的女人應有的是尊嚴、地位和金錢。五十歲的女人需要的是內涵、知識的功底，面臨社會的應變能力。五十歲的女人不需要依靠男人來生存，她哺育的兒女已長大，她從兒女的成長過程看到了自己的過去，明白了大自然的規律，明白了做人的心理路程。

五十歲的女人在職業場中打拚過，知道世態炎涼，做女人的難處。五十歲的女人不再有恨。五十歲的女人變得寬容，以前愛生氣的女人不見了。五十歲的女人不是變遲鈍了，而是有了胸懷。五十歲的女人完成了養育兒女的重任，懂得了做妻子、母親、兒媳婦的責任。五十歲的女人懂得經營人脈關係是一生走過的最重要的工作。五十歲的女人知道什麼是有價值的東西，什麼是浮誇。

五十歲的女人不再坐在窗前幻想著拯救她的人出現，她坐在窗前想的是自己怎樣去解決事情。她不會去想昨天，而是想把今天的事做好，給明天一個清靜。五十歲的女人不會抱怨了，因為一切都是自己走過來的，抱怨只會帶來新的煩惱。五十歲的女人眼角的皺紋裡化解了一切的怨和恨。

五十歲的女人已看慣了職場裡的勾心鬥角。五十歲的女人知道走關係的總是比實幹的有出息，這就是社會的現象，像自然規律一樣的，實幹和走關係都在付出，一個是為社會創造價值的付出，一個是為個人增長財富的付出。五十歲的女人有內涵，不再輕易的用眼淚散發心中的鬱悶。五十歲的女人知道守著自己的丈夫，營造自己的快樂。

五十歲的女人是蚌裡的珍珠，每一次潮起潮落都是對她們的考驗，每一次與沙的磨礪都是她們苦與痛的累積，經歷人生的風風雨雨，她們

瘦弱的肩膀扛得住整個世界。她們明白，堅強是她們最終的選擇，五十歲的女人是有經歷，有故事的女人！

五十歲的女人更是氣質深邃、雍容華貴的，國色天香的美，只有在五十不惑中蘊藏，舉止優雅，儀態丰韻，都在啟唇中流瀉無遺；從聰明伶俐的時代，走過聰慧敏銳的歲月，到五十的女人，才有圓融的智慧。

五十歲的女人才是真正寬容的，懂男人的女人，知道男人身上的重量，擁有男人脆弱時候需要的胸懷和溫柔的撫慰。身體，經驗，智慧，能隨每一個細節的感觸，讓女人登上最輝煌的黃金階段的燦爛年華。

五十的女人是真正的女人，最美的女人。五十歲的女人，能將分寸把握得得心應手，更懂得男人的空間和女人一樣，需要放飛的時空。五十歲的女人是最好的時空掌控和丈量者，每一個微笑和會意，都讓周圍的人感受到聖潔、溫潤。

五十歲的女人的光芒不是奪目，而是神韻不絕。五十歲女人的眼眸是無比清澈的，只有清澈的心，心無雜念的純淨的心靈，才能看到和感受那純淨和底蘊。

如果五十歲的女人是詩，那不是熱情洶湧的詩，是神韻和愛不絕暗湧的詩；如果五十歲的女人是畫，那不是張揚的青春的畫，是蒙娜麗莎傳遞著天地間坦然鎮定而愛的微笑的畫；如果是雕塑，那是端莊和智慧，讓人敬仰，愛而不得不尊重的夢想。

五十歲的女人，超越了堅韌，而天命般的思想，讓耐心和愛心都更純潔。五十歲的女人，不像年輕的女人的叫囂表達，她能用默默無語來表達恰當的感受，並讓男人恰當的領會。那更為高雅和格調的力量，透射著女人最美的一切於無形中。

五十歲的女人，才真正懂得什麼是愛，什麼是情，什麼是人間最珍

貴的情懷，什麼才是自然最美的風景。而智慧讓五十歲的女人，真正戴上女人的桂冠，登上真正女人的寶座。

【成熟大人有話說】

五十歲的女人，更懂得生命的艱辛，愛情的可貴，友情的珍貴，親情的永恆，從而更懂得真誠與關懷，奉獻與給予，因此走到人生的另一個起點。

3. 用心經營家庭，家和萬事興

有人將家庭比作避風的港灣，有人將家庭比作溫暖的火爐，也有人將家庭比作溫馨的搖籃。這些都說明了一個道理：人人都關注家庭，人人都渴望擁有一個和諧幸福的家庭。

家，恰如其表，它就像是一把保護傘，替我們擋風遮雨，祛暑避寒。古語講：「妻賢夫興旺，母慈兒孝敬，眾人拾柴火焰高，十指抱拳力千斤。」所以，家庭和睦對一個家庭的健康發展，一個人的順利成長具有不可或缺的作用。古也罷，今也罷，大凡一個人生活的樂苦，心情的好壞，乃至事業的成敗，都與家庭是否和睦緊密相關。

中國有這樣兩句老話，一句是「安居樂業」，另一句是「家和萬事興」。可見，自古人們便知道了家庭的安定對事業的興旺是如何的重要。「和」是手段，「興」是目標。我們努力的生活就是為了安康、幸福和美滿。

縱觀那些成功的家庭，男人事業的興盛和發達，背後無不有一個默默無聞的賢內助在支持著。所以，每一個要成就事業的男人切不可忽視

妻子對你的影響。有一位合作的妻子幫助你，會使你的經營走向更大更快的成功。一個「討人喜歡」的妻子，可能是你的商業之旅的有力後援；而一位不合作的妻子，可能是你生意上的一個破壞者，甚至有可能使你成為一個庸碌無能的失敗者。

一個好妻子，應該做到以下幾點：

- 對丈夫堅貞不渝。愛情專一，要求雙方不僅在戀愛階段相互忠誠，而且在結婚後也要專心相愛，不可三心二意。做一個好妻子必須把感情集中在丈夫身上，只有忠於丈夫，丈夫才能忠於自己。
- 夫妻雙方在事業上應當比翼齊飛。丈夫如果因工作很難照顧家庭，做妻子的應該通情達理，做出犧牲支持丈夫的事業。特別是對於長期在外地工作的丈夫，當妻子的應該支持和鼓勵他，勇於承擔家庭義務，使丈夫免去後顧之憂，安心工作。如果不肯做一點犧牲，拖丈夫的「後腿」，這很難說是一個好妻子。
- 把家務管理好。妻子是家庭的主婦，這是歷史上長期形成的傳統習慣，雖然帶有「男尊女卑」的印記，但從女性比較細心、耐心、有韌性等特點來看，妻子管理家務是合適的。做一個好妻子，一般應該掌握一些烹飪常識，知道一些家居布置的美學原理，懂得一些嬰兒的養育知識，能管理好家庭的經濟收支。
- 處理好婆媳、妯娌、姑嫂關係。現在社會上的習慣，男女結婚後，一般還是女的到男的家裡。如果男方家裡有父母、兄弟、姐妹，就存在婆（公）媳、妯娌、叔嫂關係，處理好這些關係，使家庭和睦，也是一個好妻子應該做到的。
- 能和丈夫同甘共苦。夫妻之間不但要有福同享，也應該一起承擔艱難困苦，共度難關。

下篇：五十不懼，開啟人生新篇章

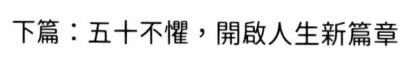

- 尊敬丈夫。夫妻要互敬互愛，丈夫不應有大男子主義，要尊重、愛護妻子；同時，妻子也要尊重丈夫。體貼入微的妻子，會使丈夫感到家庭的溫暖和妻子的可愛，增強眷戀之情。

要做一個好丈夫，一定要做到以下幾點：

- 對妻子忠誠，愛情專一，始終對妻子滿懷熱烈和深沉的愛。這是好丈夫應具備的品德。缺乏這種品德，結婚後又接受第三者的愛，這是不道德的，這種人不會是一個好丈夫。
- 胸懷豁達，寬宏大度。夫妻之間互相依賴是愛情鞏固、家庭穩定的重要因素。失去信任，互相猜疑，會使家庭蒙上陰影。「長相知，不相疑」。做一個好丈夫應該信任自己的妻子，特別是對於妻子的異性朋友，不要疑神疑鬼，更不應該橫加干涉和限制，否則特別容易刺傷妻子的自尊心，造成夫妻感情的破裂。
- 和妻子共同承擔家務。家務勞動十分瑣碎，很不起眼，但是如果丟給妻子一個人去做，她就會有意見，特別是夫妻都要上班的家庭，由一個人做家務是不行的。
- 做妻子的好伴侶。當妻子在工作中遇到困難，碰上不順心的事情，做丈夫的應該耐心地幫助，一起交流情況、分析原因、商量解決辦法。對於妻子的缺點、錯誤，也應該善意地進行批評，幫助她提高認知。
- 克服自己的不良習慣。夫妻共同生活要想和睦、融洽，彼此的一些不良習慣，如下班後打牌、喝酒、菸癮大等等都要注意克服，否則很容易引發家庭矛盾和衝突。

有了孩子的家庭，好丈夫還應該是個好父親。孩子既寄託著父母的希望，也寄託著社會的希望。一個好丈夫應該和妻子共同把孩子撫養並教育好，既做慈父，也做嚴師，使孩子從小就能受到良好的家庭教育，將來才能健康茁壯地成長。

【成熟大人有話說】

家和萬事興。「和」是手段，「興」是目標。我們的生活就是為了安康、幸福和美滿。

下篇：五十不懼，開啟人生新篇章

第十五章
活在當下，不為過去悔恨

　　風雨人生路，走到生命最後那一刻能說一句「此生無悔」的人有幾個？活在當下，懷著感恩的心，珍惜現在所擁有的，並堅定的走下去，才是我們所應該堅持的。世間最珍貴的不是「得不到」和「已失去」，而是現在能把握的幸福。人生充滿了許多未知數，有時候我們真的無法預知，唯有珍惜每一天，珍惜身邊的人，好好把握當下，才能讓我們無憾！

1. 放棄也是一種美麗

　　喜歡一樣東西，並不是非要得到它；喜歡一個人，並不是非要擁有他（她）。因為「得不到的東西才是最美的」。

第十五章　活在當下，不為過去悔恨

　　許多的事情，總是在經歷過以後才會懂得。一段感情，痛過了，才會懂得如何保護自己；經歷了，才會懂得適時地堅持與放棄。在得到與失去中我們慢慢地認識自己。其實，生活並不需要這些無謂的執著，沒有什麼不能割捨。學會放棄，生活會更容易。

　　學會放棄，在落淚以前轉身離去，留下簡單的背影；學會放棄，將昨天埋在心底，留下最美的回憶；學會放棄，讓彼此都能有個更輕鬆的開始，遍體鱗傷的愛並不一定刻骨銘心。這一程情深緣淺，走到今天已經不容易，輕輕地抽出手，說聲再見，真的很感謝，這一路上有你。曾說過愛你的，今天，仍是愛你。只是，愛你卻不能與你在一起，一如愛那原野的火百合，愛它，卻不能攜它歸去。

　　每一份感情都很美，每一程相伴也都令人迷醉。是不能擁有的遺憾讓我們更感眷戀；是夜半無眠的思念讓我們更覺留戀。感情是一份沒有答案的問卷，苦苦的追尋並不能讓生活更圓滿。也許一點遺憾、一絲傷感，會讓這份答卷更雋永，也更久遠。

　　收拾起心情，繼續走吧！錯過花，你將收穫雨；錯過她，我才遇到了你。繼續走吧，你終將收穫自己的美麗。

　　有一個令人震驚的例子：

　　一位在婚姻關係中不斷有外遇的丈夫，在因前妻以驗傷單為由訴請離婚後，過了幾年還來潑前妻硫酸，導致前妻一隻眼睛失明，全身40%灼傷。她為此失去了工作，嚴重地破了相，還必須撫養兩個孩子，同時還擔心因傷害罪入獄的前夫假釋出獄，繼續傷害她。更可怕的是她的前夫沾沾自喜地叫人來傳話：「現在妳沒人要了吧，我還是可以要妳的，妳乖乖把孩子帶回來……」

下篇：五十不懼，開啟人生新篇章

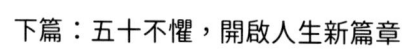

　　一個永遠不想失去你的人，未必是愛你的人，未必對你忠心耿耿，有時只是這種腦袋不清醒的強烈占有欲者，才會做出各種「損人不利己」的事情，還如此理所當然。

　　一個人的心中如果有「曾經擁有就永遠不要失去」的偏執與占有欲，想獲得愛的永久保證書，只會越走越偏離。

　　誰說喜歡一樣東西就一定要得到它？有時候，有些人，為了得到自己喜歡的東西，殫精竭慮，費盡心機，更有甚者可能會不擇手段，以致走向極端。也許他得到了他喜歡的東西，但是在他追逐的過程中，失去的東西也無法計算，他付出的代價是其得到的東西所無法彌補的。也許那種代價是沉重的，直到最後才會被他發現罷了。其實喜歡一樣東西，不一定要得到它。

　　有時候為了強求一樣東西而令自己的身心疲憊不堪，是很不划算的。再者，有些東西是「只可遠觀而不可近瞧的」，一旦你得到了它，日子一久你可能會發現其實它並不像原本想像中的那麼好。如果你再發現你失去的和放棄的東西更珍貴的時候，你一定會懊惱不已。所以也常有這樣的一句話：「得不到的東西永遠是最好的」。當你喜歡一樣東西時，得到它並不是你最明智的選擇。

　　梁詠琪有一首歌這樣唱道：「原來暗戀也很快樂，至少不會毫無選擇」，「為何從不覺得感情的事多難負荷，不想占有就不會太坎坷」，「不管你的心是誰的，我也不會受到挫折，只想做個安靜的過客」。所以，無論是喜歡一樣東西也好，喜歡一個人也罷，與其讓自己負累，還不如輕鬆面對，即使有一天放棄或者離開，你也學會了平靜。

　　學會放棄，你便可以使負重的人生得到暫時的休息，擺脫煩惱和糾纏，使整個身心沉浸在一種輕鬆悠閒的寧靜之中。學會放棄，你便可以

用充沛的精力去做你最想做、最該做、最需要做的事。學會放棄，你便可以在一種無怨無悔和默默無聞的等待中使自己的心靈得到一份超越、一份執著和一份自信。

【成熟大人有話說】

> 喜歡一樣東西，就要學會欣賞它，珍惜它，使它更彌足珍貴；喜歡一個人，就要讓他快樂，讓他幸福，使那份感情更真摯。如果你做不到，那你還是放手吧。要學會放棄，因為放棄也是一種美麗。

2. 不要沉浸在過去的傷痛中

莎士比亞說過：「聰明的人永遠不會坐在那裡為他們的損失而悲傷，他們會很高興地想辦法來彌補他們的創傷。」可惜，在現實的社會中，沒有幾個人能夠做到讓不愉快都隨風而去，更多的人都是把過去的痛苦沉在心裡，在不斷的痛恨惋惜和懊惱中度過本該輕輕鬆鬆的每一天。

我們習慣了對過去的事情不肯放手，也習慣了對自己眼下幸福的視而不見，從而常常抱怨美麗的東西不屬於我們，有著「問君能有幾多愁，恰似一江春水向東流」的哀怨。既然哀愁如一江春水，那麼，就讓這些往日的憂愁隨著滾滾東去的河流一起奔向大海吧，再也不要讓那些往事來折磨自己。得不到的東西好比是閃爍天際的星星，雖然璀璨卻很遙遠，倒不如把那些往事當成美麗的回憶和路邊迷人的風景，走過去了，就不要再返回。如果把它們當成追求目標，卻發現那些東西並不是我們值得擁有的，失去的東西因為失去才美麗，但等到失而復得的時

候，卻未必能有一種好的心情。唯有現在的幸福時刻才是我們應該緊緊抓住的。世界上最珍貴的不是得不到和已失去，而是此時此刻的擁有。

珍惜當下，是每一個明智之人的選擇。

法國著名的作家盧梭，少年時代有過一樁刻骨銘心卻又十分尷尬的愛情經歷。在他十一歲的時候，比他大十一歲的德‧菲爾松小姐向他表示了深深的愛意，而盧梭也十分迷戀這位女人的奔放和性感靚麗，於是兩個人就開始了轟轟烈烈的愛情，盧梭一頭栽進了這位風情萬種的小姐的溫柔情懷中。

過了不久，盧梭發現這位小姐對他的愛意只是一個圈套，只是為激發出一個她偷偷愛著的男友的醋意。年少氣盛的盧梭覺得自尊心受到了莫大的傷害，內心充滿了難以描述的憤怒和仇恨，發誓永遠不見這個頗有心計的女人，假如有一天意外地遇見，也一定會給她難堪。

二十年後，已擁有了極高的社會地位的盧梭回家看望父親。在波光粼粼的湖面上，他卻意外地看到了離他們不遠的一條船上的德‧菲爾松小姐。她衣著簡樸，面容憔悴，完全失去了往日迷人的風采，和風華正茂、衣錦還鄉的盧梭形成了鮮明的對比。這是一個頗有戲劇性的畫面，也是多年前盧梭夢寐以求的時刻。正所謂「仇人相見，分外眼紅」，按照二十年前的誓言，盧梭應該湊上前去和她重提舊事，讓這個欺騙了他的感情的女人無地自容，這是一個求之不得的復仇機會，哪怕是過去打個招呼，對極要面子的德‧菲爾松小姐也是一種很好的報復。

但盧梭卻沒有這樣做，而是悄悄地把船划開了。當一個朋友問到他為什麼要這樣做的時候，他回答說：「雖然這是一個相當好的復仇機會，但還是覺得沒有必要和一個四十多歲的女人算二十年前的舊帳。」

「你真的對她沒有絲毫的仇恨嗎？當初她可是讓你傷透了心。」朋友用質疑的語氣問。

「如果有怨恨，那也是二十年前的事了。如果這些年我一直對她的負

第十五章　活在當下，不為過去悔恨

心耿耿於懷，那麼我將會在這些痛苦與悔恨當中度過二十年，那將是一個多麼可怕的現象，如果那樣的話，還會有今天的盧梭嗎？對往事耿耿於懷，好比我提著一袋子死老鼠去見你，可能會讓你一時間的不舒服，但是在一路上聞著臭味的人也只有我，這又是多麼愚蠢的行為。怨恨就像一袋死老鼠，最好把它丟得遠遠的。」

盧梭說完從口袋裡拿出一些錢來，「希望這些錢能夠對她有所幫助，助她擺脫困境，過得好一點。麻煩你轉交給她，但是千萬不要說是我送的。」

如果面對過去的矛盾和糾葛，一味地斤斤計較，輸掉的不僅僅是眼下的幸福，更多的是做人的境界，這些都是有百害而無一利的，聰明人永遠不會選擇愁腸百結，而是為了生活中的愉快而淡化，因為他們懂得，解開心結之後，眼前的世界才會豁然開朗。

在人生中，人往往會遇到兩種對自己的態度截然不同的人。一種人是幫助你的人，另一種人是刺傷了你的人。對於幫助你的人自然要有感恩的心，對於刺傷了你的人也不能一味地去抱怨和仇恨，相反還要大度地對他們表示感謝。畢竟，因為他們的傷害才讓我們有了進一步的成長和成熟。對待親人朋友寬容要容易些，對待陌生人和情敵要難許多，即便如此，也要放平心態，選擇寬容。世上沒有過不去的火焰山，也不可能存在一輩子的仇恨。

那些刺傷過你的人，帶給你的並不只是一時間的疼痛和憤恨。除此之外，他們的傷害能夠讓一個脆弱的人走向堅強，能夠給你一個痛定思痛的機會，逆境之中磨練了一個人的意志，發誓要做出值得自己驕傲能夠讓別人羨慕的事業來。在痛苦之後，更加珍惜當前的擁有，加倍努力地去完成自己的奮鬥目標，激勵著你在痛苦中不斷前進。傷害能夠讓一個人不斷地成熟起來，懂得了什麼樣的人生是真正的生活，在日後的選

擇中能夠三思而後行，考慮問題會周全一些，對待別人也能夠做到真正地將心比心，提高我們的道德修養和境界。

> 【成熟大人有話說】
>
> 不能放棄過去的人是不可能獲得快樂的，快樂是一個不斷放棄與選擇的過程。與其背著心靈的包袱受苦受難，不如悄悄放下，輕鬆上路。

3. 別在抱怨中虛度光陰

工作生活中，我們經常會遇到許多羈絆和束縛，對於它們，我們毫無辦法。殊不知，囚禁我們的不是別人，而是自己，是我們不健康的心態和偏激的態度。當我們的生活不如意，做什麼都不順利的時候，有些人往往抱怨自己沒有碰到好的機會，或者沒有遇到好的環境。但很少有人會反思自己在個性上有什麼問題，或者工作中有什麼毛病。因此在抱怨一番之後，情況依然不會有什麼改變。

每個人都希望自己可以出人頭地。美國成功哲學演說家金‧洛恩說過這麼一句話：「成功不是追求得來的，而是被改變後的自己主動吸引而來的。」我們之所以沒有成功，是因為在我們身上存在著許多致命的缺點，如自私、傲慢、急躁、沒有明確的人生目標、缺少自信、做事情不腳踏實地等，這些缺點嚴重制約了我們的發展。只要對自己進行深刻的檢討，採取改進措施，你的精神面貌就會發生巨大變化，會感覺到自己在一天天地向成功邁進。

人生不如意十有八九，但這絕不能作為我們抱怨的理由和藉口，從

而整天用灰色的眼光看世界，用偏激心態對待生活。有時為了一個小小職位，一份微薄的獎金，而怨聲載道、怨天尤人，一刻不停地抱怨著，這樣只會消磨自己對生活、工作的熱情、挫傷信念，使自己失去的越來越多，漸漸地吞噬掉自己所有的快樂。

曾經有一位身障者抱怨上帝沒有給他健全的四肢，於是到天堂來找上帝，上帝介紹了一個朋友給他，這個人剛剛死去不久，才升入天堂。他對身障者說：「珍惜吧，至少你還活著。」一位官場失意的人抱怨上帝沒有給他高官厚祿，上帝便介紹那位身障者給他，身障者說：「珍惜吧，至少你還健康。」一位年輕人覺得沒有被人們重視，於是上帝又把那位官場失意的人介紹給他，那人對年輕人說：「珍惜吧，至少你還年輕。」

這個故事讓我們懂得了珍惜和別再抱怨的道理。

在現實生活中，每個人都可能會遇到資遣待業、臥病不起、考試落榜、婚姻失敗等挫折。誰的人生都不可能沒有煩惱。在挫折面前，關鍵是心態。

想要改變全世界，不如先改變自己。不要為打翻的牛奶而哭泣。心若變，態度就會變；態度變，習慣就會變；習慣變，人生就會變。當自己越變越好的時候，值得去抱怨的事也會越來越少。

【成熟大人有話說】

成功者，都是做一行愛一行；失敗者，則是做一行怨一行。

少抱怨他人和社會，多檢討改造自己，這才是人生的真諦。

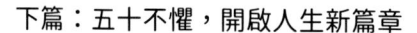

第十六章
幸福勝於成功

　　幸福是人人都追求的，成功也是人人都渴望的。現實生活中，許多人把成功和幸福的關係理解得很簡單，即成功了才有幸福，不成功就沒有幸福。其實，這是一種片面的看法。成功固然重要，但它並不等於幸福。更有些人將全部幸福寄託在成功上，認為只有成功才有資格幸福，其實，這種人是難以得到幸福的。要知道，幸福是生命的目的，成功是生命的驛站。

1. 快樂：人生第一大奮鬥目標

　　從前，在迪河河畔住著一個磨坊主傑克，他是英格蘭最快活的人。傑克從早到晚總是忙忙碌碌，卻像雲雀一樣快活地唱歌。傑克是那樣的

第十六章　幸福勝於成功

樂觀，以致「感染」了周圍的人，他們也都樂觀起來了。這一帶的人都喜歡談論傑克的快樂生活。

有一天，國王也聽說了傑克，於是說：「我要去找這個奇怪的磨坊主人談談。也許，他會告訴我怎樣才能快樂。」

他一邁進磨坊，就聽到磨坊主人傑克在唱：「我不羨慕任何人，不羨慕，因為我要多快活就有多快活。」

「我的朋友，」國王說，「我羨慕你，只要我能像你那樣無憂無慮，我願意和你換個位置。」

傑克笑了，給國王鞠了一躬：「我肯定不和您調換位置，國王陛下。」

「那麼，告訴我，」國王說，「是什麼使你在這個滿是灰塵的磨坊裡如此高興、快活，而我，身為國王，卻每天都憂心忡忡，煩悶苦惱？」

傑克又笑了，說道：「我不知道您為什麼憂鬱，但是，我能簡單地告訴您，我為什麼高興。我自食其力，我愛我的妻子和孩子，我愛我的朋友們，他們也愛我。這條迪河使我的磨坊運轉，磨坊把穀物磨成麵粉，養育我的妻子、孩子和我。我不欠任何人的錢，我為什麼不應當快活？」

「不要再說了。」國王說，「我羨慕你，你這頂落滿灰塵的帽子比我這頂金冠更值錢。你的磨坊給你帶來的，要比我的王國給我帶來的還多。如果有更多的人像你這樣，這個世界該是多麼美好啊！」

快樂是我們一生的奮鬥目標，我們所有的一切奮鬥，都是為了兩個字，那就是「快樂」，快樂不需要你成為名人，不需要你成為成功人士，也不需要你擁有萬貫家財，只要你會營造快樂生活，你就是最幸福的人。

下篇：五十不懼，開啟人生新篇章

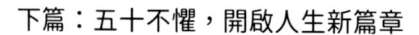

【成熟大人有話說】

快樂不依賴地位，不依賴金錢，只依賴你自己。

2. 成功不代表你幸福

幸福看不到，也聽不到，更觸摸不到，因為幸福只是一種心靈的感覺。

有一個富翁，什麼都有，卻總是悶悶不樂，總覺得少了點什麼。

一天，他經過市集，看見一個衣衫襤褸的乞丐，便很輕蔑地扔了一枚小錢，並調侃說：「像你這樣一無所有的活著，還有什麼意思？」

「喔！大人，我雖然沒錢沒勢，可是，我有一樣您沒有的寶貝。」

「哦！你有什麼寶貝？我可以出高價向你買，快說！快說！」

「只怕你買不起！」

「笑話！我不信天下有我買不起的東西。」

「這樣東西它不賣的，因為它不能賣，它是一種感覺，那就是幸福。」

在現實生活中，有一些人過著平凡的生活，他們沒有自己的私家車，搭著公車上下班；他們沒有房產，租著別人家的房子。但是，他們依然悠閒地吹著口哨，哼著小調，日子過得平平安安，生活得也踏踏實實。難道他們生活得不幸福嗎？在日常生活中，我們是不是每天風風火火，又忙家務，又忙孩子，又應付工作，又應酬於親朋好友之間的交際，又惦記著股市行情，又盤算著尋找一份第二職業，又算計著如何贏得長官信任以謀個一官半職，等等。總之，我們行蹤不定，難得清靜，一副大忙人的形象。但是，我們實則忙亂不堪，製造雜訊，不自覺地擾亂著自己的平靜生活，活得很累。

第十六章　幸福勝於成功

下面的李菲菲就是其中的一位：

李菲菲，在眾人的眼中是一位成功的職業女性。她獨立，能幹，開著BMW，在郊區還有一套豪華的別墅，經常有機會出入一些重要聚會。很多人都羨慕她，可是她卻有許多別人不知道的煩惱。她說：「我的成就往往讓人羨慕。我這一輩子都在辛苦地努力打拚事業，可是我永遠在壓力下工作，沒有時間結交真正的朋友，沒有時間和自己的家人待在一起，也沒有時間享受生活。其實到頭來，我收穫的是事業的繁忙，壓力成雙，身體疲憊。假如時間可以退回去十年，我會早一些放慢腳步，去享受人生的簡單生活，那樣才是最幸福的。」

你是否體驗了剛剛從身邊溜走的生活？你是否真正明白現在自己的感受？你的時間為什麼總是很緊張，有沒有更簡單一些的生活方式？也許你早已經習慣了都市快節奏的生活，你不必離開它，更不必讓生活後退。你只需要換一個視角，換一種態度，改變那些需要改變的、繁雜的、無真實意義的生活，然後全身心投入自己的生活。無論你是在城市還是鄉村，無論你是貧窮還是富有，無論你是在美國還是在臺灣，你都可以享受到生活的酸甜苦辣，都可以感受到藍天、空氣、陽光和大自然的魅力，都可以追逐人與人之間的親情、友誼和關懷，完成真實的自我，以真實面對生活、面對心靈、面對世界和他人。

過一種簡單的生活，是一種全新的生活藝術和哲學。它首先是要外部生活環境的簡單化，因為當你不需要為外在的生活花費更多的時間和精力的時候，也就能為你的內在生活提供更大的空間與平靜。之後是內在生活的調整和簡單化，這時候的你就可以更加深層地認識生活的本質。

下篇：五十不懼，開啟人生新篇章

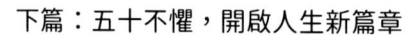

【成熟大人有話說】

　　幸福與金錢無關，與地位無關，與權力無關，只與你的「心」有關。幸福就是點點滴滴。

3. 賺了錢不能代表生活好

　　一個人如果純粹是為了滿足某種物慾而想要去賺錢，倒不如放棄那個他想要的東西而過平凡生活。賺錢是為了活著，但活著絕不是為了賺錢。假如人活著只把追逐金錢作為人生唯一的目標和動力泉源，那人將是一種可憐的動物。

　　一個歐洲觀光團來到非洲一個叫亞米亞尼的原始部落。部落裡的年輕人穿著白袍盤著腿安靜地坐在一棵菩提樹下做草編。草編非常精緻，它吸引了一位法國商人。他想：要是將這些草編運到法國，巴黎的女人戴著這種小圓帽和拎著這種草編的花籃，將是多麼時尚多麼有風情啊！想到這裡，商人激動地問：「這些草編多少錢一件？」

　　「十披索。」年輕人微笑著回答道。

　　天哪！這會讓我發大財的。商人欣喜若狂地想。

　　「假如我買十萬頂草帽和十萬個草籃，那你打算每一件優惠我多少錢？」

　　「那樣的話，就得要二十披索一件。」

　　「什麼？」商人簡直不敢相信自己的耳朵！他幾乎大喊著問：「為什麼？」

　　「為什麼？」年輕人也生氣了，「做十萬件一模一樣的草帽和十萬個一模一樣的草籃，它會讓我乏味死的。」

第十六章　幸福勝於成功

商人還是不能理解，因為在追逐財富的過程中，許多人忘了生命裡金錢之外的東西。或許，那位荒誕的亞米亞尼年輕人才真正領悟了人生的真諦。

人們想發財，想多賺一些錢，想使自己的生活品質更高些，這根本就不是壞事，這是人的自然的、正常的欲望。只要取之有道、取之合法，不僅應該鼓勵，社會還應該為人們創造更多的條件以幫助滿足。

快樂並非要有很多錢，這樣說並不是想勸告大家都滿足目前的生活水準，不要再去賺錢了，而是希望大家把錢不要看得太重，過於追逐。財富心是否太重並不是依據一個人的財富數量來推斷的。一個每天只有幾百元收入的人並不一定就意味著他的財富之心很淡薄。相反，一個擁有千萬家財的人也並不一定就像巴爾扎克筆下的老葛朗臺那樣視錢如命、把錢看得比親情更重。

相信很多人都有這樣的體會：發財的欲望愈強，隨之產生的煩惱就會越多。

發財欲望過強的人，其心理很容易被「貪」字占據優勢地位。「貪」字是痛苦煩惱的根源之一，也可以說是禍害的根源之一。有些人為了圓自己的發財夢，去騙人、害人，去損害人民的利益，去觸犯法律，最後走上自我毀滅的道路。

許多人在賺錢之初，並沒有想過：這一生賺錢的目的何在？是自己消費，抑或留給後代，或是施捨於慈善事業，造福於社會。你若去問他，大多數人的回答一般都是「不知道」。

在社會一致認同「賺錢很重要」的情況下，便開始了一生忙忙碌碌，早出晚歸，拚命賺錢的生活。殊不知，不管賺多少錢，是絕不可能帶到下一輩子的。

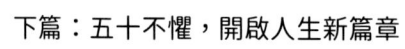

許多人一生忙於賺錢，到最後卻忘了或根本就不知道賺錢的初衷，將手段變為目的，拚命賺錢，不懂得如何利用金錢使自己更幸福、更快樂、更健康，也不懂得回報社會，最後變成了金錢的奴隸，變成了一個十足的守財奴。

我們不應忘記：錢是實現人生目標的手段，不要將手段變成目標，一味追逐金錢。懂得用錢，才能成為快樂的富翁。年輕時賺錢、省錢，中年時要好好管錢，年老有錢之後卻要懂得花錢，用金錢來充實自己的晚年生活。

【成熟大人有話說】

假如人活著只把追逐金錢作為人生唯一的目標和動力泉源，那人將是一種可憐的動物。這等於在自我貶低人生存在的價值和意義。

4. 拿得起，放得下

要想達到自己的目標，固然要「拿得起」，也要學會及時地放下。

我們常說：「拿得起，放得下。」其實，所謂「拿得起」，指的是人在躊躇滿志時的心態；「放得下」，則是指人在遭受挫折或者遇到困難時應採取的態度。范仲淹說：「不以物喜，不以己悲。」有了這樣一種心境，就能對大悲大喜、厚名重利看得很小、很輕，自然也就容易「放得下」了。

人生最大的包袱不是拿不起而是放不下。因為年輕時打拚很苦，所以有了些許收穫就不想放手。殊不知諸多榮譽在身上，只會讓自己越來

第十六章　幸福勝於成功

越累。放下一些虛名，你才能活得輕鬆而幸福。

有一位奧運會柔道金牌得主，在連續獲得二十三場勝利之後卻突然宣布退役，而那時他才二十八歲，因此引起很多人的猜測，以為他出了什麼問題。其實，他是明智的，他感覺到自己運動的巔峰狀態已經過去，而以往那種求勝的意志也迅速減退，這才決定退役去當教練。應該說，他的選擇雖然有些無奈，然而，從長遠來看，這也是一種如釋重負、坦然平和的選擇，比起那種硬充好漢者來說，他是英雄，因為他消失於人生最高處的亮點上，給世人留下的是一個微笑。

一個職務、一種頭銜，自然意味著一個人在社會上所取得的成就和地位，它的意義是不言而喻的。但是，凡事都有一個度。適可而止，於是心定，定而後能靜，靜而後能安，安排既定，自能應付自如，就不會既忙且亂了。在生活中，很多時候，懂得放下才能收穫更多。

人生的煩惱來自於非分的慾望，修養心靈卻不是一件容易的事。「放下」，這對常人而言是難以做到的。有了功名，就對功名放不下；有了金錢，就對金錢放不下；有了愛情，就對愛情放不下；有了事業，就對事業放不下。在肩上的重擔，在心上的壓力，可以說使我們生活得非常艱難。

成功並不總是青睞那些死守一個真理的執著者，還格外偏愛那些懂得適時放棄的聰明人。要想達到自己的目標，我們固然要「拿得起」；但與此同時，當我們發現「此路不通」時，也要學會及時地放下。片面地偏向任何一點，生命的天平都有可能發生難以控制的偏斜，到時再來補救就來不及了。

有一次，李嘉誠在長江集團週年晚宴上說：「好的時候不要看得太好，壞的時候不要看得太壞。」這句話是李嘉誠人生修練最高境界的展

237

現，也就是「拿得起，放得下」。

歌德說：「一個人不能永遠做一個英雄或勝者，但一個人能夠永遠做一個人。」這裡，做一個英雄或勝者，指的便是「拿得起」的狀態；而「做一個人」，便是「放得下」的狀態。

有個人兩手各拿著一隻花瓶前來拜見三祖寺的宏行法師。法師對他說：「放下！」於是那個人把左手拿的那隻花瓶放下了。法師又說：「放下！」那個人於是把他右手拿的那隻花瓶也放下了。法師還是對他說：「放下！」那個人說：「法師，能放下的我已經都放下了，我現在兩手空空，沒有什麼可以再放下的了，您到底讓我放下什麼呢？」

法師說：「我要你放下的，你一樣也沒有放下；我沒有叫你放下的，你全都放下了。花瓶是否放下並不重要，我要你放下的是心中的雜念。你的心已經被這些東西填滿了，只有放下這些，你才能從生活的桎梏中解放出來，才能懂得真正的生活。」

心理壓力要重於手上的花瓶，「放下」，不失為一條追求幸福的絕妙方法。其實，每天發生在我們生活中的很多悲劇，往往就是無法放下自己手中已經擁有的「東西」所釀成的。如果你能夠領悟「放下」的道理，你將會有一種如釋重負的感覺。因為只有懂得放下，才能把握當下。

【成熟大人有話說】

放下就是快樂。只要你心無掛礙，什麼都看得開、放得下，何愁沒有快樂的春鶯在啼鳴，何愁沒有快樂的泉溪在歌唱，何愁沒有快樂的白雲在飄蕩，何愁沒有快樂的鮮花在綻放？

5. 別讓攀比毀了幸福

　　如果你有正確的心態，就不會允許別人來打擾你平和的心境，破壞你快樂的感覺，否則就表明你的內心還很脆弱，甚至愛慕虛榮。

　　你的身邊是否有這樣的朋友 ── 他說他的收入根本養不起一輛汽車，但他還是買了一輛，因為他的鄰居和周圍的人都有車。其實，並沒有哪個人建議他那樣做，只是他自己不想被別人瞧不起。而這麼做的後果就是，為了還借款累死累活地做了好幾年。

　　不可否認，在一些大城市中，有許多人都在為著「面子」而拚命工作，因此過著極不如意的生活。面子，真的那麼重要嗎？

　　一個日薪不足千元的年輕人花了七百元請心儀的女孩欣賞歌劇、吃消夜。難道所有的女人都是勢利的嗎？當然不是，只不過幾乎所有的人都不希望被對方瞧不起。生活中隨處可見收入一般的人在效仿富人，即使自己的心在痛。

　　有一位母親，她對自己倒是沒有什麼奢望，對自己的貧窮也不覺得沒面子，但是她對女兒生活在窮困中卻感到十分痛苦和羞愧。她很傷心，因為別的女孩子有的東西她女兒卻沒有，別的女孩子想到哪裡去旅遊都有父母陪著，甚至還有豪華轎車相送，而她的女兒只能騎腳踏車或步行。

　　她說，她漂亮迷人的女兒只能穿廉價的、普通的衣服，而那些根本沒有她女兒一半漂亮的女孩子倒可以那麼奢侈，戴那麼昂貴的首飾，一想到這些她簡直傷心極了。她說這個社會真是太殘酷了，讓她那麼漂亮的女兒成天為了生活忙裡忙外地工作著，她也應該像別的女孩兒一樣過著舒適的生活。

　　這位母親總是這樣在女兒面前嘮叨，最終毒害了女兒的心靈。她教

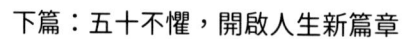

會了女兒鄙視自己貧寒的家庭和低劣的生活環境，女兒也不喜歡自己擁有的任何東西。像她母親那樣，她總是拿自己有限的條件和別人奢華的生活做比較；這位母親對女兒灌輸了滿腦子的愚昧思想：要盡最大的努力嫁給有錢人，這樣才能給家裡帶來金銀財寶。

她告誡女兒，一個男人不論他多麼誠實、勤奮，如果他沒有錢，不能讓女人享受榮華富貴，那麼就不要與他來往，一切都免談。在她竭盡全力幫女兒物色有錢的男友時，她可能問都沒問過那些「有錢人」到底具有什麼樣的性格和特質。

母親這樣教育的後果就是：這位小姐一點也沒有年輕人應有的快樂生活。她總是憤世嫉俗，對每件事情都看不順眼，對自己的處境怨聲載道，對自己擁有的東西也抱無所謂的態度，因為它們總是很廉價、很不體面，沒有一個地方合她心意。

攀比是一種變態的心理。在錯綜複雜、嫉妒橫生的環境裡，「幸福」自然是可望而不可即的。

因為私欲永遠沒有盡頭，所以這個人的人生永遠是虛偽而疲累的。由於錯誤的生活態度，有些人不得不忍受貧窮而拮据生活的折磨，而且還阻礙了自己的發展。他們讓自己的嫉妒、羨慕和愚蠢的欲望扼殺了所有的快樂，趕走了所有的幸福。

其實，我們並不缺少舒適的生活，只是很多人不懂得珍惜。生活中的很多人總是看別人的臉色行事，殊不知這樣失去了許多本該屬於我們自己的快樂。沒有一個懷有嫉妒心的人能享受到生活的快樂。我們不懂得愉快地享受每天發生在自己身邊的趣事，而是去羨慕和嫉妒別人的快樂，因而失去了許多生活的樂趣。

第十六章　幸福勝於成功

【成熟大人有話說】

為什麼不對自己擁有的平靜幸福的生活感到快樂，而要去嚮往別人的奢華呢？為什麼總是去關注富有的鄰居而不享受自己的興趣愛好呢？讓我們享受在林間漫步的樂趣吧，讓攀比的邪惡思想見鬼去吧！

6. 拓展生命的寬度

病房裡同時住進來兩位病人，都是鼻子不舒服。在等待化驗結果期間，甲說，如果是癌，立即去旅行，首先去法國。乙也同樣表示。

結果出來了：甲得了鼻癌，乙長的是鼻息肉。

甲列了一張告別人生的計畫表離開了醫院，乙住了下來。甲的計畫表是：去一趟法國和西班牙；從德國坐船一直到荷蘭；到夏威夷以椰子樹為背景拍一張照片；在挪威森林過一個冬天；從英國坐船到美國的紐約；登上自由女神像；讀完莎士比亞的所有作品；要寫一本書……凡此種種，共二十七條。

他在這張生命的清單後面這樣寫道：我的一生有很多夢想，有的實現了，有的由於種種原因沒有實現。現在上帝給我的時間不多了，為了不遺憾地離開這個世界，我打算用生命的最後幾年去實現還剩下的這二十七個夢。

當年，甲就辭掉了公司的職務，去了法國和德國。第二年，又以驚人的毅力和韌性通過了入學考試，成為哈佛經濟系的一名學生。這期間，他登上自由女神像，去了黃石公園，還在一戶牛仔家裡住了一個星期。現在，這位朋友正在實現他出一本書的夙願。

下篇：五十不懼，開啟人生新篇章

有一天，乙在報上看到甲寫的一篇散文，打電話去問甲的病。甲說，我真的無法想像，要不是這場病，我的生命該是多麼的糟糕。是它提醒了我，去做自己想做的事，去實現自己想去實現的夢想，現在我才體會到什麼是真正的生命和人生。你生活得也很好吧！乙沒有回答。因為在醫院時說的一切，早已因患的不是癌症而放到腦後去了。

死亡對每一個人來說是平等的，只不過大多數人認為自己還會活得很久，沒有意識到生命的短暫，因而不去珍惜它，也許正是這一點差別，使我們的生命有了質的不同：有人把夢想變成了現實，有人把夢想帶進了墳墓。

【成熟大人有話說】

我們不能增加生命的長度，但我們可以拓展生命的寬度。

7. 人生不需要太圓滿

作家劉墉先生講過這樣一個故事：

我有一個朋友，單身半輩子，快五十歲了，突然結了婚，新娘和他的年齡差不多，徐娘半老，風韻猶存。只是知道的朋友都竊竊私語：「那女人以前是個演員，嫁了兩任丈夫都離了婚，現在不紅了，由他撿了個剩貨。」

話不知道是不是傳到了他耳朵裡！有一天，他跟我出去，一邊開車，一邊笑道：「我這個人，年輕的時候就盼著開賓士車，沒錢買不起；現在呀，還是買不起，只買了輛二手車。」他開的確實是輛老車，我左右看著說：「二手？看來很好哇！馬力也足。」

第十六章　幸福勝於成功

「是啊，」他大笑了起來，「舊車有什麼不好？就好像我太太，前面嫁個四川人，又嫁個上海人，還在演藝圈十多年，大大小小的場面見多了。現在，老了，收了心，沒了以前的嬌氣，浮華氣，卻做得一手四川菜、上海菜，又懂得打理家中一切。講句實在話，她真正最完美的時候，反而都被我遇上了。」

「你說得真有理，」我說，「別人不說，我真看不出來，她竟然是當年的那位豔星。」

「是啊。」他拍著方向盤。

「其實想想自己，我又完美嗎？我還不是千瘡百孔，有過許多往事，許多荒唐，正因為我們都走過了這些，所以兩個人都成熟，都知道讓，都知道忍，這不完美？這正是一種完美啊！……」

「不完美」正是一種完美！

我們老了，都鏽了，都千瘡百孔了，總隔一陣子就去看醫生，來修補我們殘破的身軀，我們又何必要求自己擁有些人、事、物都完美無瑕，沒有缺點呢？

每個生命都有欠缺，不要作無謂的比較。

在一個講究包裝的社會裡，我們常常禁不住羨慕別人光鮮華麗的外表，而對自己的欠缺耿耿於懷。

其實沒有一個人的生命是完美無缺的，每個人都少了一樣東西。

有人夫妻恩愛、月收入數十萬，卻有嚴重的不孕症；

有人才貌雙全、能幹多金，情路上卻是坎坷難行；

有人家財萬貫，卻是子孫不孝；

有人看似好命，卻是一輩子腦袋空空。

每個人的生命，都被上蒼劃上了一道缺口。人生不要太圓滿，有個

243

下篇：五十不懼，開啟人生新篇章

缺口讓福氣流向別人是件很美的事。若你不需擁有全部的東西卻樣樣俱全，別人怎麼辦呢？

每個生命都有欠缺，不要作無謂的比較。「不完美」的人生才是一種最美。你不需要擁有全部的東西，要懂得生命本身都有欠缺的道理，我們不需要與人作無謂的比較，反而更能珍惜自己現在的擁有。

【成熟大人有話說】

我們沒有必要追求人生的圓滿，有時留個缺口也是件很美的事。

第十七章
健康為王：健康是快樂的源泉

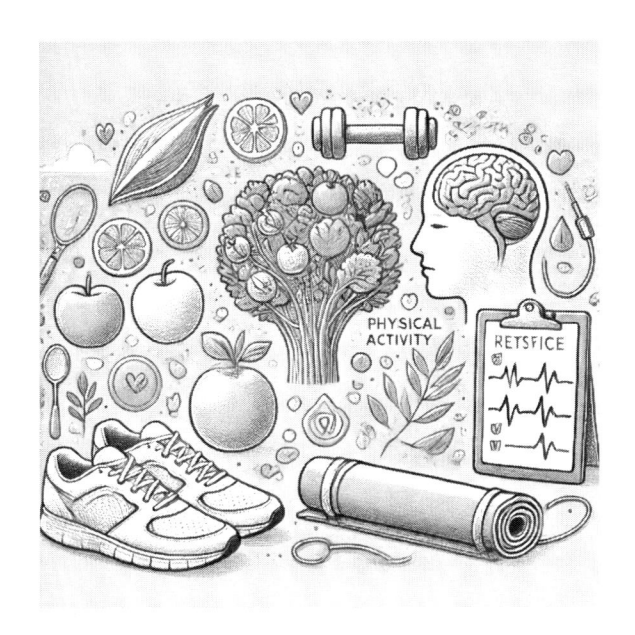

人們常說,「健康是福」,「身體是革命的本錢」,「一人健康,全家幸福」。沒錯,沒有一個好的身體,不可能有更加美好的未來,沒有健康就沒有一切。德國哲學家叔本華曾說過:「在一切幸福中,人的健康其實甚過其他幸福,我們可以說一個健康的乞丐要比疾病纏身的國王幸福得多。」

1. 健康新理念

我們往往把人生的夢想當做自己的奮鬥目標,而很少有人把健康當做人生的奮鬥目標,殊不知,我們的夢想、我們的目標、我們的責任、我們的使命等一切,都是建立在健康基礎上的。

下篇：五十不懼，開啟人生新篇章

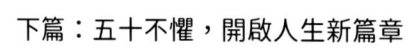

我們常說，身體是革命的本錢，沒有一個好的身體，一切就都失去了意義。你要想創造成功的人生，首先要管好自己的身體。

對人類來說，健康是一個永恆的話題。作為當代人，健康更是第一期望。叔本華曾說過：「在一切幸福中，人的健康其實甚過其他幸福，我們可以說一個健康的乞丐要比疾病纏身的國王幸福得多。」在現實生活中，人除了擁有自己的身體、生命之外，金錢、地位、權力……全部是身外之物。然而，當一個人擁有了健康，其實便擁有了人世間一切的財富。

健康，同時又是一個永恆的主題。有人說：「生命如同一朵花，花開總有花落時，人的生命本如花開花落。」又有人說：「珍惜生命吧，人生只在呼吸間。」既然人世間最寶貴的是生命，那麼，我們應該如何去呵護它？保持健康！健康是人生幸福中最重要的成分，只有保持健康，生命才會光彩奪目。

健康是生命力的主要泉源，如果沒了健康，則生趣索然，效率銳減，生命因而暗淡。因此，一個人有了健康的思想和健康的身體，本身便是一種大幸福。無論從事何種職業，擔當多大的責任，我們都不應去犧牲我們生命中最高貴、最美麗的東西。一些受過高等教育的年輕人，有知識也有才能，只可惜，因為身體的原因，雖抱有遠大的志向卻終不能使之實現，無數人因身體的羸弱過著憂悶的生活，因為他們覺得自己縱有滿腹經綸、雄韜偉略，卻因身體的原因不能發揮出來。許多人之所以做了身體的奴隸，並由此而壯志難酬受著失望的痛苦，主要是因為他們一開始就不知道保養身心使之健全。所以，每個人都要懂得使自己身體和精神獲得健康的方法。

許多人對健康的看法是：只要身體上無疾病就是健康。但是經科學認定：人是身體與心理完整的統一體。健康就是指人身體上和心理上都

無疾病和異常。

對於「健康」,世界衛生組織曾下過這樣的定義:「所謂健康,不是單純的指身體無病或不衰弱,而是不可分割的把肉體的、精神的和社會的各方面都包含在內。亦即一個完整的狀態。」如今,世界衛生組織又將健康定義為:「健康應是在精神上、身體上以及社會上保持健全的狀態。」在這三個健全的狀態中,兩個是心理和行為方面,因此,健康的內涵和外延更擴大了。也就是說,一個人的健康應該包括身體健康、精神健康、社會適應能力良好三個方面。

如何衡量身體健康和心理健康呢?世界衛生組織又具體地提出了身體健康和心理健康的衡量標準。即用「五快」來衡量機體健康狀態,用「三良好」來衡量心理健康狀況。

所謂「五快」,包括食得快、說得快、走得快、睡得快、便得快。

- 食得快:進食有良好的胃口,不挑剔食物,能快速吃完一餐飯。說明內臟功能正常。
- 說得快:語言表達正確,說話流利,說明頭腦敏捷,心肺功能正常。
- 走得快:行走自如,活動靈敏,說明精力充沛,身體狀態良好。
- 睡得快:一旦有睡意,上床後能很快入睡,且睡得好,醒後精神飽滿,頭腦清醒。說明中樞神經系統興奮、抑制功能協調,且內臟無病理資訊干擾。
- 便得快:一有便意,能很快排泄完大、小便,且感覺良好,說明胃腸腎功能良好。

所謂「三良好」,包括良好的個性、良好的處世能力、良好的人際關係。

下篇：五十不懼，開啟人生新篇章

- 良好的個性：情緒穩定，性格溫和，意志堅強，感情豐富，胸懷坦蕩，豁達樂觀。
- 良好的處世能力：觀察問題客觀現實，具有良好的自制能力，能應對複雜環境，對事物的變遷保持良好的情緒，有知足感。
- 良好的人際關係：待人寬厚，珍視友情，助人為樂，與人為善，與他人的關係良好；不吹毛求疵，不過分計較。

「五快」、「三良好」衡量法使我們能夠全面地掌握自己的身體狀況，對不良的行為可適當地作出調整，讓健康永遠伴隨你我左右。

由此，我們便可對健康有一個正確的認識。健康實際上就是快樂地生活，快樂地面對每一天的日子，快樂地面對每一個人。你為自己創造快樂，也給這個世界創造快樂，你就是一個健康的人。相反，如果你為自己的生活製造痛苦，也給別人製造痛苦，你就是一個有病的人，即使你四肢健全，但你的心理是病態的。而另一種人，比如像海倫‧凱勒，雖然她又盲又聾，但是她用她的生命突破了她的局限，實現了人類的最大潛能，為每一位身有殘疾的人做出了榜樣，誰能說她是不健康的人呢？所以，從這個角度上說，健康主要是從心理上來判斷，而不是從肉體上來判斷的。

追求健康就是首先要心理健康。心理健康，才能使人面對生活作出正確的選擇和判斷，才能使我們的生活中充滿快樂。

我們應該清楚地意識到，無論從事何種職業，擔當起多少人生的責任，都不應為了這些去犧牲我們的健康。一個人腦力的充足，全依賴於身體的健康，而一個身體健康的人，其才幹與效能，要超過十個體弱者的才幹與效能。眾所周知，石油大王約翰‧洛克斐勒曾創造了當時兩項驚人的紀錄，一是他賺到了當時全世界為數最多的財富；二是他活到了

九十七歲。可見，健康是成功的前提，只有保持健康的身心，我們才能用最大的力量來應對工作，才能取得我們想達到的成就。

做一個富有魅力的人，就要有認識到健康重要性的「心眼」。明白健康的重要性，我們就要把第一個奮鬥目標定在獲得一個健康的身體上，我們要明白世上一切物質財富都是外在的，只有健康是你自己的，這是你真正的財富，也是你擔當責任的基礎。

【成熟大人有話說】

世上一切都是外在的，只有健康是屬於自己的，這是你真正的財富，也是你完成一切責任與使命的基礎。

2. 心態健康才年輕

年輕真好，可是年輕真的跟年齡沒有關係。不是嗎？它是一種心態，一種對生活的態度。看看別人的生活，你可能會發現自己的生活真的沒有想像中的那麼盡如人意，也不是人們眼中那麼的和睦。一切可能都是可以矇人的，好與不好，真的只有自己可以了解，可以體會。

現在，有些人沒有變老之前，心卻先老了。是他們生活得不好嗎？其實，是這些人的心志太薄弱，他們已經為自己設了局限：在年輕的時候，以為自己四十五歲就一定老了，到五十歲就日落西山了。六十歲的時候有幾個人能有四十歲的心臟？也許身體機能很難做到，但是至少在六十歲的時候可以有四十歲的心態。

記得約伯說過：「你害怕什麼事情，這些事情就會降臨到你的頭上。」是我們的心理在作怪，它加速了我們的心理對自己的老化。它使怕老的

下篇：五十不懼，開啟人生新篇章

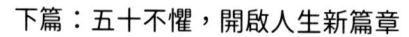

人和那些猜測它的人很快就會變老，而那些對生活有著無限嚮往的人卻在一種年輕的心態中快樂地生活著。所以，我們應該為快樂做準備，去猜測快樂什麼時候到來，這樣你就會把年輕的心找回來。

我們的思想作用是巨大的，不要認為自己沒有快樂了，不適合做這樣那樣的事情。有這樣一個故事，它告訴人們快樂是什麼。

從前，有個男孩子住在山腳下的一幢大房子裡。他喜歡動物、跑車與音樂，過著幸福的生活，只是經常讓人搭車。一天，男孩子對上帝說：「我想了很久，我知道自己長大後需要什麼。」

上帝問：「你需要什麼？」

「我要住在一幢前面有門廊的大房子裡，門前有兩尊雕像，並有一個帶後門的花園。我要娶一個高挑而美麗的女子為妻，她性情溫和，長著一頭黑黑的長髮，有一雙藍色的眼睛，會彈吉他，有著清亮的嗓音。

「我要有三個強壯的兒子，我們可以一起踢球。他們長大後，一個當科學家，一個做參議員，而最小的一個將是橄欖球隊的四分衛。我要成為航海、登山的冒險家，並在途中救助他人。我要有一輛紅色的法拉利跑車，而且永遠不需要搭送別人。」

「聽起來真是個美妙的夢想。」上帝說，「希望你的夢想能夠實現。」

有一天，在踢球時，男孩磕傷了膝蓋。從此，他再也不能登山、爬樹，更不用說去航海了。因此他學習了商業經營管理，而後經營醫療設備。他娶了一位溫柔美麗的女孩，長著黑黑的長髮，但她卻不高，眼睛也不是藍色的，她不會彈吉他，甚至不會唱歌，卻做得一手好菜，畫得一手花鳥畫。因為要照顧生意，他住在市中心的高樓大廈裡，從那裡可以看到藍藍的大海和閃爍的燈光。他的屋前沒有雕像，但他卻養著一隻長毛貓。

他有三個美麗的女兒，坐在輪椅中的小女兒是最可愛的一個。三個女兒都非常愛她們的父親。她們雖不能陪父親踢球，但有時她們會一起

第十七章　健康爲王：健康是快樂的源泉

去公園玩飛盤，小女兒坐在旁邊的樹下彈吉他，唱著動聽的歌。他過著富足、舒適的生活，但他卻沒有法拉利。有時他還要取送貨物——甚至有些貨物並不是他的。

一天早上醒來，他記起了多年前自己的夢想。「我很難過」，他對周圍的人不停地訴說，抱怨他的夢想沒能實現。他越說越難過，簡直認為現在的這一切都是上帝跟他開的玩笑。妻子、朋友們的勸說他一句也聽不進去。

最後，他終於悲傷地病倒了，住進了醫院。一天夜裡，所有人都回了家，病房中只留下了護士。他對上帝說：「還記得我是個小男孩時，對你講述過我的夢想嗎？」

「那是個可愛的夢想。」上帝說。

「你為什麼不讓我實現這個夢想？」他問。

「你已經實現了。」上帝說，「只是我想讓你驚喜一下，給了一些你沒有想到的東西。我想你該注意到我給你的東西：一位溫柔美麗的妻子，一份好工作，一處舒適的住所，三個可愛的女兒——這是個最佳的組合。」

「是的，」他打斷了上帝的話，「但我以為你會把我真正希望得到的東西給我。」

「我也以為你會把我真正希望得到的東西給我。」上帝說。

「你希望得到什麼？」他問。他從沒想到上帝也會希望得到東西。

「我希望你能因為我給你的東西而快樂。」上帝說。

他在黑暗中靜想了一夜。他決定要有一個新的夢想，他要讓自己夢想的東西恰恰就是他已擁有的東西。

後來他康復出院，幸福地住在四十七樓的高樓，欣賞著孩子們悅耳的聲音、妻子的眼睛以及精美的花鳥畫。晚上他注視著大海，心滿意足地看著明明滅滅的萬家燈火。

下篇：五十不懼，開啟人生新篇章

其實我們每個人都擁有快樂，只是我們沒有注意並抓住它。

記得有一位著名的女演員說：「我永遠都不會變老，因為我喜歡自己的藝術。我全身心地投入到藝術當中，永遠不會感到疲倦。當一個人幸福、充實和永不疲倦的時候，當他的精神永遠年輕的時候，皺紋怎麼會爬上他的額頭呢？當我感到疲憊的時候，那不是我精神的疲憊，而是我身體的疲憊。」

女演員充分闡述出自己對「年輕」的理解，她把自己的工作注入精神，使其保持著年輕的心態。

歲月不能讓我們變老，是我們的生活方式，是我們自己讓我們變老。有些人常常沉浸在過去的痛苦生活中不能自拔。於是，皺紋過早地爬上了他的臉龐，他的眼睛失去了以前的光彩，腳步也失去了曾經的彈性，人生便失去了甜美的意義。

我們要學會留住自己的青春，就像我們每天鍛鍊身體來避免生病，保持自己的健康一樣。想留住自己的青春就要避免錯誤的思想和煩惱導致的疾病，專注於你身邊快樂的事情，讓自己積極參與進去，或自己創造一個快樂的天地，要別人也來分享你的快樂，當然，這都是在你想要別人和你共用成功的喜悅時，用你的愛心去保持一份浪漫的心情。

歡樂、希望和愛心是延緩衰老的良藥。所以，我們必須驅除擔憂、嫉妒和仇恨這些令人痛苦，讓人衰老的東西。純潔的心靈、健壯的身體、寬廣的心胸和堅強的意志是年輕的泉源，我們每一個人都有資格過一種年輕的生活。

當你尋找到了快樂泉源的時候，也將是你成功的時刻。在成功的喜悅中，快樂是永恆的，無論多少年後想起那個時刻，你都會覺得現在的你還是年輕快樂的。

第十七章　健康為王：健康是快樂的源泉

年輕，是心靈的一種狀態，她不會因為年齡的增長而失去光鮮。有些人年過半百，仍有著年輕的心理和年輕的體魄，敢與朝花相媲美；有些人正值韶華，卻一身疲憊，未老先衰，恰似勁風吹落的敗葉。歲月可以催生根根白髮，卻摧不毀頭腦中的創造潛力；時間可以刻出滿臉的皺紋和壽斑，卻無法為心靈刻上一絲痕跡。年輕也好，年老也罷，皆因心態使然。

【成熟大人有話說】

沒有人可以把時間留下，更沒有辦法讓它留下我們的青春和美貌。唯有一種辦法永保青春──擁有一顆永遠年輕的心。

3. 動靜養生保健康

「生命在於運動」，這是一句耳熟能詳的至理名言。生命對於我們每個人而言既是寶貴的，也是脆弱的。人生苦短猶如白駒過隙，珍惜生命自然離不開運動，而運動本身為人們指明了預防疾病、消除疲勞、獲取健康長壽的重要途徑。

遺憾的是，現代人很少有人願意或很難抽出時間運動，即使每天做一些運動，也只是我們看得見的骨骼肌在運動，難怪十個就有八個人會回答：「我連睡覺都沒時間，哪來的時間運動？」

運動是保證人體代謝過程旺盛的重要因素。《呂氏春秋·盡數篇》說：「流水不腐，戶樞不蠹。形氣亦然，形不動則精不流。精不流則氣鬱。」而華佗更進一步指出：「人體欲得勞動，但不當使極身。動搖則穀得消，血脈流通，病不得生，當譬猶戶樞，終不朽也。」諸如此類的論述都強

下篇：五十不懼，開啟人生新篇章

調重視運動鍛鍊。

面對「生命在於運動」理念，人人都應該有適合自己的新想法、新做法、新觀念、新面貌；倘能如此，則就會長壽而健康，那又何嘗不是家庭、社會和國家之幸呢？

人的身體就好像一部機器，需要不斷運轉，才會越來越靈活。而運動，不僅鍛鍊了身體，還可以愉悅身心，調節精神，調節心態。何樂而不為呢？運動的形式多種多樣，時間長短由己，盡可隨心所欲。動起來就好，心動不如行動。

成年人每天至少應該進行累計相當於步行六千步以上的身體活動。每天步行至少六千步，對肥胖、高血壓、糖尿病等疾病有很好的預防作用。六千步，根據人的步行速度，大概三十分鐘到六十分鐘，一次性完成比較好。

查閱各國百歲老人長壽的記載，他們都是愛活動、經常運動、喜歡勞動的人。世界各國的長壽之鄉或長壽村多出現在農村或山區，這不僅是由於那裡陽光充足，空氣新鮮，更重要的是因生活環境的艱辛促使居民出門爬山，以步代車，負重耕耘，耕、耩、鋤、刨，全要花費體力。殊不知，這些活動不僅僅只作用於骨骼肌，更能促進身體新陳代謝的旺盛，使得各器官、各系統活動機能得到協調。

生命在於運動，當然不是盲動。有些人以為拚命運動身體自然會好，其實不然，運動過度的人壽命並不會長。在適量運動的同時，也要講求靜養。

動養生和靜養生是東方養生的兩大法寶。動和靜，是物質在一定時間和空間產生的運動形式，是對事物動態表現形式的高度概括，這正如《類經附翼‧醫易》所說：「天下之萬理，出於一動一靜。」動與靜，不可

第十七章　健康為王：健康是快樂的源泉

分割，動是絕對的，靜則是相對的，在絕對的運動中包含相對的靜止，在相對的靜止中又蘊伏著絕對的運動，並以此形成動態平衡。

動養生和靜養生，各有利弊。按照《周易》的陰陽原理，動則生陽，靜則生陰。比較而言，練動功的，動則生陽，可以增強精力，提高工作效率；練靜功的，靜則生陰，可以降低人體的消耗，人的壽命也相對較長。

具體來講，動養包括：跑、跳、走、爬、打球、游泳、騎車等；靜養包括：靜坐、睡眠、閉目養神等。動養的人，活得很瀟灑；靜養的人，活得很舒服。

無論動還是靜，都要掌握一個適當的「度」。動得過分，可能會引起疲倦、勞損甚至受傷；而一味靜養，會變成「懶蟲」，造成機體的衰弱，功能加速退化，引發各種疾病。

偏於動養還是偏於靜養，應因人而異。動則生陽，陽虛者應以動養為主，但不可過於劇烈；靜則生陰，陰虛者應以靜養為主，但也必須配合動養。

靜的方式也有很多，除了睡眠以外，還有讀書、看報、繪畫、寫字、垂釣、聽音樂等。看電視時也別閒著，可自己做些按摩，如擦胸部，揉腹部，按壓內關、足三里、三陰交、湧泉等穴位。靜中有動，既益身又益心，可謂「兩全其美」。

【成熟大人有話說】

只靜養不運動是錯誤的，只運動不知道好好休息就更不對。正確的養生方法應該是動靜相兼，剛柔相濟，亦動亦靜，缺一不可。

4. 人身三寶：精氣神

天有三寶：日、月、星；地有三寶：水、火、風；人有三寶：精、氣、神。自太上辟道以來，歷代人都很重視人體精、氣、神的修練，並把它們看作是人體最寶貴的東西，視為人體生命活動中十分重要的物質。

精是構成人體和維持生命活動的基本物質，精有先天和後天之分。先天是指藏於腎的生命之精，使人類具有繁衍後代的能力；後天之精是臟腑之精，來自飲食的營養物質。有了營養物質的不斷補充，才能維持人體的生命活動。精氣充盛，能夠抵禦外邪，可以化生血液，生成腦髓，人的生長、發育、衰老、死亡，莫不與精的盛衰有關。

氣流動於體內，其作用是維持人體各組織器官的生理功能。人體的呼吸吐納、水穀代謝、血液運行、抵禦外邪等一切生命活動，無不依賴於氣化功能來維持。氣來源於先天父母之精氣、後天水穀之氣，以及吸入自然界之大氣。

神是精神、意志、知覺、運動等一切活動的生命統帥。它包括魂、魄、意、志、慮、智等活動，透過這些活動能展現人的健康狀況。神生於先天之精氣，又被後天水穀之氣的充養，故精氣是產生神的物質基礎。

精、氣、神三者之間是相互滋生、相互助長的，它們之間的關係很密切。從中醫學講，人的生命起源是「精」，維持生命的動力是「氣」，而生命的展現就是「神」的活動。所以說，精充氣就足，氣足神就旺；精虧氣就虛，氣虛神也就少。反過來說，神旺說明氣足，氣足說明精充；神少說明氣虛，氣虛說明精虧。中醫評定一個人的健康情況，或是疾病的順逆，都是從這三方面考慮的。因此，古人稱精、氣、神為人身「三寶」是有它一定道理的。由此看來，只有維護好人體「三寶」，才能達到健康

長壽的目的。

古人有「精脫者死，氣脫者死，失神者死」的說法，以此也不難看出「精、氣、神」三者是人生命存亡的根本。當精、氣、神逐漸衰退變化，人已步入老年的時候，就更應該珍惜此「三寶」，古人對這點非常重視。荀子認為：「養備而動時，則天不能病；養略而動罕，則天不能使之全。」這裡說明兩個意思：一是說要注意精、氣、神的物質補充，二是強調不可濫耗「三寶」。

正確的養生方法應是惜精、養氣、守神。

(1) 惜精養性 —— 生命之本

孟子說：「人生莫過於食色二慾。」食維持生命，色繁衍生命。在現實生活中，人們可以毫無忌諱地談論飲食文化，然而，談性則色變。其實，兩者是同等重要的。性活動是人的本能，性生活是人類的正常生理活動。飲食需要遵循規律，性生活同樣如此，違反規律也要受懲罰。和諧適度的性生活可以提高人的活力和生活情趣，延緩衰老，有益於身心健康。

然而，許多現代人不知道惜精如金，年輕時什麼都不相信，只顧狂施亂瀉，一到中年便百病纏身，老了才明白，但為時已晚。所以，懂得惜精養性的道理十分重要。

(2) 養氣 —— 生命的源動力

氣是不斷運動著的具有活力的精微物質，氣聚合在一起便形成有機體，氣散則形體滅亡。人體的氣，從整體上說，是由腎中精氣、脾胃運化而來的水穀精氣和肺吸入的清氣所組成，在腎、脾、胃和肺等生理功能的綜合作用下所生成，並充沛於全身而無處不到。

氣是不斷充養人體的一種無形物質，氣的升降出入就是生命運動的基本形式。氣也緣於先天而養於後天。先天之氣稱為「元氣」，存於丹田；後天之氣則指呼吸之氣與水穀之氣，兩者相傳於胸中而稱為「宗氣」。元氣啟動了生命的活動，為後天之氣的攝取奠定了基礎；而後天之氣又不斷培補先天的元氣，故兩者相輔相成，密不可分。除元氣、宗氣外，根據氣在人體內分布的部位、作用、性質不同，還有管氣、衛氣、臟腑之氣、經絡之氣等。

(3) 守神 —— 生命體的主宰者

神藏於心中，在體外則成為生命的象徵，在體內則成為生命的主宰。狹義的神包括腦的精神、意識思維活動，以及臟腑、經絡、氣血、津液等全部機體活動功能和外在表現。神的生成主要以「先天精」為基礎，以「後天精」為補養培育而成。

神，是傳統中藥醫學中被經常使用的概念之一。《內經》中就有「得神者昌，失神者亡」的記述。意思是說，神的存在代表著人體的昌盛，而神的消失則說明人體的死亡。可見，神與人體的生死盛衰有著十分密切的關係。

【成熟大人有話說】

中醫認為精、氣、神是人體生命活動的根本。大凡講究養生的人，都把「精、氣、神」稱為人身的三寶，把保養精、氣、神作為健身、抗衰老的主要原則。

5. 食物是最好的藥物

　　傳統上重視滋補養生膳，就是根據人體健康狀況，用包括蔬菜、穀物、肉類在內的各種食物補充和調節人體的營養平衡，同時利用具有的藥效調整人體健康。根據傳統中醫觀點，食物的客觀效果與中藥藥物有相似之處，歷代本草等古籍文獻也記載了各種食物的性、味、歸經、功能和主治。如《本草綱目》收集了近兩千種天然藥物，其中食物占了相當大的比例，而且詳細記述了其性質、藥效、適應症、禁忌症、用量和用法。《本草綱目》在日本江戶時代早期傳入日本，受其影響出版的《本朝食鑑》等，成為在日本普及「藥食同源」思想的基礎。

　　邁進二十一世紀，隨著科學技術的突飛猛進，追求健康的方式和手段乃至觀念都產生了巨大的變革。雖然各種藥物對很多疾病的防治已有相當的效果，但正如俗話所說，「是藥三分毒」，化學合成藥物的毒副作用對人們的健康造成了新的傷害，醫源性的疾病不斷增加，使得人們越來越多地把關注的目光投向預防保健，並對非藥物自然療法寄予了厚望，由於現代醫學越來越強烈地受到了儀器公司和製藥公司的控制，醫療費用不斷上漲，連西方國家也感到困難重重。因此，美國政府 1994 年頒布了《飲食補充劑健康與教育法》。觀其背景，正是美國醫學界的有識之士認識到了中醫食療的巨大科學價值──飲食補充劑（特別是中草藥）的應用，可以以極低的代價有效地預防和治療疾病，從而大大降低醫療費用。所以美國等西方國家為了減輕社會負擔，減少醫療費用，採取了獎勵非藥物對應疾病，充分利用健康輔助食品的政策。而進入二十一世紀以後，國際醫學界也深信，人類的許多疾病的確是由於營養不平衡造成的。可以預見，大眾對具有食療作用食物的興趣將大大提高，進一步的研究將深入闡明食物的食療功效。

下篇：五十不懼，開啟人生新篇章

西方公認的「醫學之父」希波克拉底在西元前四百年曾說過：「我們應該以食物為藥，你的飲食就是你首選的醫療方式。」這一論斷同中華民族傳統營養學「寓醫於食」的理論不謀而合。兩千多年之後，當今世界營養學界也終於承認其所言不差。在維也納召開的世界上規模最大的營養學術會議——第十七屆國際營養學大會上，經過熱烈的討論，同樣得出了「食物是最好的藥物」的科學結論。

中國有句古話叫「民以食為天」，就是說吃飯是人生的大事。我們大多數特別注重每天都要吃什麼，怎麼吃，大多都是從口味、營養這些方面來考慮的，很少從中醫養生的角度，飲食的選擇和搭配來考慮，不同的食物對身體有著什麼樣的影響和幫助呢？

儒家孔子的飲食養生大法值得效仿：

春秋戰國時期，不僅食品品種豐富起來，而且對飲食也已經很講究了，孔子的飲食觀很具有代表性。明代張岱〈饕集序〉中寫道：「中古之世，知味唯孔子，食不厭精，膾不厭細，精細二字，已得飲食之征。至熟食，則概之失飪不食；蔬食，則概之不時不食。四言者，食經也，亦即養生論也。」孔子後來發跡，做了魯國上卿及魯國大司寇，俸祿都是「六萬斗穀子」。在當時已經是很富裕了，但當時孔子並不因為生活富裕而過奢侈的生活，他對飲食很講究，他主張「食不厭精，膾不厭細」。「精」，精細，粗之反；膾，細切魚和肉，反復用「不厭」二字，極言講究之致。

孔子也主張：「君子食無求飽，居無求安。」他要求：「士志於道。而恥衣惡食者，未足與論也。」他認為：「飽食終日，無所用心，難矣哉！」

孔子不提倡「恥衣惡食」，其中「惡食」是與飲食上「食不滅雜」的現代營養學中的科學配膳、平衡配膳的理論是一致的。他還明確提出：「肉雖多，不能勝食。」意即席上肉類食品雖多，但吃的數量不能超過「飯

量」。這明確地告訴我們主輔食品要合理搭配。只有主輔食品搭配合理，才能充分吸收動物食品中的營養成分，使人得到合理的養分，有利於新陳代謝和健康長壽。這也是孔子的「食經」使他長壽的奧祕之一。

兩千年前的孔夫子都那麼重視飲食結構，那麼作為現代人的我們怎樣能使自己的飲食結構更合理呢？這就要求我們要學會平衡膳食，均衡營養。所謂平衡膳食就是平衡、多樣、適量。為了讓大家更好地平衡膳食，調節好個人的飲食結構，營養學家把常吃的食物分成五大類，只要每天按類別選購食用，就能基本保證營養的平衡。日常生活中人們必需的食物有以下幾類：

◆ 第一類：穀物糧食

這類食物作為主食，是熱能的主要來源。因不同的穀物所含營養成分不同，所以最好堅持粗糧、細糧搭配。如早上吃豆粥、饅頭，中午要吃米飯，晚餐可吃麵包加湯，不宜長期單調地食用某種細糧，如白米、精麵等。

◆ 第二類：富含動物蛋白的食物

包括肉、禽、蛋、魚等。成人每日應攝取每公斤體重0.8克的蛋白質，占總熱量的10%～15%。膳食中較為理想的蛋白質攝取比例應是動物蛋白占三分之一，豆類蛋白占四分之一，其餘部分則從穀物中獲得。

人體對動物蛋白的吸收率一般比較高，如雞蛋卵清蛋白的胺基酸組成與人血清白蛋白十分類似，吸收率很高。應當指出的是，雞蛋和牛奶不能代替肉類的營養作用。動物性食物是優質蛋白的主要來源，也是維他命B、生物素、菸鹼酸、泛酸和維他命B1的來源，適量肉食有利於腦的發育。

另據調查，人類最主要的營養不良性疾病──各種不同程度的缺鐵性

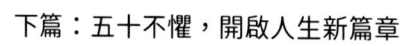

貧血，大多與未及時補充鐵質有關，而肉類和動物內臟中的血紅素型鐵更易於被機體吸收。但長期過量肉食對大腦健康不利，容易導致早老性痴呆。

那麼，吃多少肉才合適？答案從哪兒來呢？──答案來自人類的牙齒與腸道的結構。

人類的消化系統特徵在各個方面都與肉食動物截然不同，同人的消化系統最相像的是雜食動物。古生物學家在判斷動物的攝食種類時，一般首先分析牙齒的結構：人共有 32 顆牙齒，其中臼齒 20 顆，用於磨碎穀物、豆類和其他種子類食物；門齒 8 顆，用於切咬果蔬；唯獨 4 顆犬齒是為撕咬肉類食物的。按照人類不同牙齒的比例計算，臼齒：門齒：犬齒 = 5：2：1。依此推算，人類正常食物結構中植物性與動物性食物的比值應為 7：1。正是這個神祕的比例，指明了人類合理的膳食結構，這是數百萬年以來人類在進化過程中自然形成的。

從腸道相對長度看，肉食動物的腸道較短，雜食動物居中，草食動物的腸道最長。這是因為草食動物進食大量的膳食纖維，也說明了人類膳食應該雜食，且應當偏重於植物性食物。

因此，合理的飲食中，魚、蝦、肉、禽、蛋類所占的比例應當顯著低於西方膳食結構，即畜、禽、肉類每日攝取 75～150 克（英國營養學家認為每天 85 克為宜），且要選擇含脂肪低的瘦肉及雞、鴨等禽類，並鼓勵多食用魚類。

當然，為了提高食物蛋白在人體內的消化吸收率，以下三點值得注意：

- 膳食中搭配的食物種類越多越好：一日三餐都要提倡食物多樣化，這樣不僅能提高食慾，促進食物在體內的消化吸收，而且食物中的氨基酸種類齊全，也能充分發揮蛋白質的互補作用。

- 食物的種屬越遠越好：最好包括魚、肉、蛋、禽、奶、米、豆、菜、果、花，還有菌藻類食物，組合搭配、混合食用。將動物性食物與植物性食物搭配在一起，比單純植物性食物之間搭配組合，更有利於提高蛋白質的營養價值。
- 最好是幾種食物同時吃。

◆ 第三類：豆類、乳類及其製品

豆類富含蛋白質、不飽和脂肪酸和卵磷脂等，其蛋白質富含離胺酸，與穀物同食，可優勢互補：豆類素有「植物肉」和「綠色牛奶」之稱。每人每天應補充豆類 50 克、奶類 100 克，一方面可增加鈣的攝取，另一方面還可養護胃腸黏膜。

◆ 第四類：蔬菜水果

這是人類維他命、礦物質和膳食纖維的主要來源。蔬菜、水果的供給量一般每人每天約 800 克（其中五分之四為蔬菜，五分之一為水果）。蔬菜中最好要有一種是綠色或有色的葉菜類，同時蔬菜品種應盡量多樣化，若新鮮蔬菜中維他命 C 含量不足或在烹調中損失過多，則應適當補充富含維他命 C 的新鮮水果或飲料。蔬菜的品種很多，營養成分有很大差異。此外，蔬菜因可食部位不同，顏色深淺，以及根、莖、葉部位不同，營養成分及含量也不一樣。所以應經常變換品種或與各種蔬菜搭配，才能收到營養素互相補充的效果。

水果中含有豐富的有機酸和多種消化酶類，能幫助消化、促進食慾，增加胃腸蠕動，有利於排便，降低膽固醇。每人每日可攝食 100～200 克鮮果，宜在飯後一小時生食。若無鮮果則可生食紅蘿蔔、小黃瓜、番茄等蔬菜，也對健康大有裨益。

◆ 第五類：油脂類

　　油脂可供給熱能，促進脂溶性維他命的吸收，並供給不飽和脂肪酸。它又是增進食物的色、香、味不可缺少的物質。植物油所含的必需脂肪酸比動物油高，動物油飽和脂肪酸多，所含的膽固醇也高，長期大量食用可導致動脈硬化和心腦血管病，因此應少吃。因海魚中含某些對機體有利的多不飽和脂肪酸，所以是個例外。油脂的攝取可以按每公斤體重每日 1 克計算（包括肉、魚、蛋等動物食品中的油脂，連同植物油脂在內），按油脂占膳食總熱能的最高比例（不超過 30％、最好 25％）來控制。肥胖的人則另當別論，他們需要嚴格控制脂肪的攝取量。

　　以上五類食物中任何一種長期缺乏都會影響健康。因此，為了保證膳食平衡，應當養成不挑食、不偏食的飲食習慣。

【成熟大人有話說】

　　中醫自古就有「藥食同源」一說，是指中藥與食物是同時起源的，許多食物即藥物，許多藥物即食物。

6. 健康，你手中最大的財富

　　享受人生，必須善待生命。人生與浩瀚的歷史長河相比，可謂短暫的一瞬。權勢是過眼雲煙，金錢乃身外之物。珍惜生命，保重身體寧要一生清貧，不貪圖一時富貴，這才是做人之悟性。要知道，身體健康是人生最寶貴的財富。

　　一位野心勃勃的男子，看著他只有十萬元的存摺，心想如果我能讓存款再多兩個 0 多好。接著他努力的工作，沒有多久，終於達到了他的

第十七章　健康為王：健康是快樂的源泉

目標一千萬。

男子看著他元的存摺又想：若能再多兩個0、四個0不就更棒了嘛！男子更努力工作了，他希望能創造無數個零，讓自己成為富翁。往後的日子裡，他日以繼夜、不眠不休的工作，經過長時間的努力，終於達成他的心願，成為一位有錢的富翁。但是，在這個時候富翁卻病倒了。他這一生所創造的「0」也跟著倒下了！

這個故事裡的「1」代表的就是我們的健康，這個「1」倒了，有再多的「0」都不具有任何意義。沒有一個健康強壯的體魄，我們還能做什麼呢？工作？學習？愛我們所愛的人？實現理想？……都沒可能了。健康強壯的身體才是一切一切的資本。沒有一個健康強壯的體魄，就不能談其他了。

由於日益加快的社會節奏、競爭激烈等諸多因素的影響，人們的心理負荷日益加重，由此造成的心理疾患也越來越多。

人人都有煩心事，不如意事十之八九。醫學研究顯示，長期的心理失衡，會使人們的內心衝突加劇，導致心理疾病的發生。當人對不良情緒忍耐克制，甚至鬱悶壓抑時，就會傷神損元氣，給健康帶來重大危害。因為，人的內臟活動受自主神經系統控制與調節，而不隨人的情感和意志轉移。當你受到挫折創傷時，克制、壓抑，表面上「風平浪靜」，卻不能避免內在的創傷。鬱悶越久，壓抑越深，給身心帶來的傷害就越重。

身體是革命的本錢，充沛的精力是成功的基礎。精力以體力為基礎，但又不完全是體力。因為這種力量也是精神上的一種力量。人要砍倒一棵樹，需要消耗一定的體力。人要辦成一件事，需要消耗一定的精力。成功的人有足夠的精力去面對眾多的人和事，而精力不足的人面對過多的事務就會感到煩心、倦怠。

傳統養生的靈魂是平衡論。平衡乃宇宙正常運行的自然法則。天地生態平衡，萬物正常生存；人的內臟平衡，身體才會健康。百病來自失衡，平衡可治百病。懂得了平衡論，我們就懂得了一個道理：真正的中醫中藥不治病，只調平衡。失衡，雜病叢生；平衡，百病自愈。懂得了平衡論，我們就能明白中醫調理人體平衡，恢復人體健康的過程其實就是一個養生的過程。

白領們應該客觀地認識和評價自己的承受能力，把握機遇，發揮自己的長處，並學會在快節奏中提高自己的心理承受能力，在各種事件中基本保持心理平衡。要科學安排工作、學習和生活，制定切實可行的工作計畫或目標，並適時留有餘地。無論工作多麼繁忙，每天都應留出一定的休息、「喘氣」的時間，盡量讓精神上繃緊的弦有鬆弛的機會。對待事業上的挫折不必耿耿於懷，亦不要為自己根本無法實現的「宏偉目標」白白地嘔心瀝血或累得筋疲力盡。

人的健康軀體也是一種神形的表現，即所謂要神形兼備。人的健康的精神狀態來自於自身的思想意志，一方面人總是要有精神的，另一方面精神也要靠肢體，人體的各種力量的養護，使人的思維，內臟各器官功能都保持興旺狀態，人才能顯得精神無比。人的形養還在於自身體育鍛鍊。人之所以生病，很多原因是不加強鍛鍊造成的，更有甚者，現代人熱衷於都市生活忙於事業，忙於工作，而身體鍛鍊的時間越來越少。加強自我運動鍛鍊可以防病治病，延緩衰老。

千萬別透支睡眠。睡眠透支已成為目前最流行的都市病。在對工作和娛樂的熱情日趨高漲的同時，人們睡眠的時間越來越少。伴隨著社會的變革和人們生活方式的改變，睡眠不足也已成為當今最普遍的健康和社會問題。自古以來，睡眠一直占據人類生活三分之一左右的時間，它

和每個人的身體健康密切相關。世界衛生組織確定「睡得香」為健康的重要客觀代表之一。人們經常有這樣的體會,當感到情緒不佳或者身體不適時,美美地睡上一覺後,會覺得精神倍增,身體的不適也會有所減輕,甚至恢復如常。由此可見,高品質的睡眠確是一味有益身心健康的滋補品,這其中確有一定的科學道理。

【成熟大人有話說】

在有所追求的同時學會生活,讓生活充滿樂趣。打拚是一種過程,休閒是一種境界!

不遺憾大人學：

衝動三十、世故四十、淡定五十，趁年輕時身體力行，面對錯誤及時止損，始終掌控人生的主導權

作　　　者：	謝蘭舟，馬銀春
發　行　人：	黃振庭
出　版　者：	財經錢線文化事業有限公司
發　行　者：	財經錢線文化事業有限公司
E-mail：	sonbookservice@gmail.com
粉　絲　頁：	https://www.facebook.com/sonbookss/
網　　　址：	https://sonbook.net/
地　　　址：	台北市中正區重慶南路一段61號8樓 8F., No.61, Sec. 1, Chongqing S. Rd., Zhongzheng Dist., Taipei City 100, Taiwan
電　　　話：	(02)2370-3310
傳　　　真：	(02)2388-1990
律師顧問：	廣華律師事務所 張珮琦律師

-版權聲明-

本書版權為作者所有授權崧博出版事業有限公司獨家發行電子書及繁體書繁體字版。若有其他相關權利及授權需求請與本公司聯繫。

未經書面許可，不得複製、發行。

定　　　價：375 元
發行日期：2024 年 10 月修訂一版
◎本書以 POD 印製

Design Assets from Freepik.com

國家圖書館出版品預行編目資料

不遺憾大人學：衝動三十、世故四十、淡定五十，趁年輕時身體力行，面對錯誤及時止損，始終掌控人生的主導權 / 謝蘭舟，馬銀春 著. -- 修訂一版 . -- 臺北市：財經錢線文化事業有限公司, 2024.10
面；　公分
POD 版
ISBN 978-626-408-023-1(平裝)
1.CST: 成功法 2.CST: 自我實現 3.CST: 生活指導
177.2　　　　113014589

電子書購買

爽讀 APP　　　臉